Critical
Theory
and

the Crisis of
Contemporary
Capitalism

批判理论

与

当代资本主义危机

Heiko Feldner
Fabio Vighi

〔德〕
海科·菲尔德纳
〔意〕
法比奥·维吉

著

许娇娜 黄 漫

译

肖 琼

校

批判美学与
当代艺术批评丛书

中国出版集团
东方出版中心

图书在版编目（CIP）数据

批判理论与当代资本主义危机 /（德）海科·菲尔德纳等著；许娇娜，黄漫译. — 上海：东方出版中心，2024.2

ISBN 978-7-5473-1748-8

Ⅰ.①批… Ⅱ.①海… ②许… ③黄… Ⅲ.①资本主义－研究 Ⅳ.①D091.5

中国版本图书馆CIP数据核字（2020）第271804号

上海市版权局著作权合同登记：图字09-2020-380号

Critical Theory and the Crisis of Contemporary Capitalism

Copyright © Heiko Feldner and Fabio Vighi, 2015.

This translation is published by arrangement with Bloomsbury Publishing Inc.

Chinese simplified translation copyright © 2024

by Orient Publishing Center.

ALL RIGHTS RESERVED.

本书为教育部哲学社会科学研究重大课题攻关项目"马克思主义美学话语体系的历史演变和范式转换研究"（22JZD005）成果，由武汉晴川学院当代马克思主义美学研究基金资助。

批判理论与当代资本主义危机

著　　者　[德]海科·菲尔德纳　　[意]法比奥·维吉
责任编辑　赵　龙　韦晨晔　刘　军
封面设计　陈绿竞

出 版 人　陈义望
出版发行　东方出版中心
地　　址　上海市仙霞路345号
邮政编码　200336
电　　话　021-62417400
印 刷 者　上海盛通时代印刷有限公司

开　　本　710mm×1000mm　1/16
印　　张　13.25
字　　数　168千字
版　　次　2024年2月第1版
印　　次　2024年2月第1次印刷
定　　价　78.00元

批判美学与当代艺术批评丛书
编委名单

批判美学与当代艺术批评丛书·总序

　　编辑出版本丛书的目的是适应美学的当代发展，我们将美学研究的新形态称为"批判美学"。它的基本理念来自马克思和恩格斯，方法论基础则根植于"法兰克福学派"和英国的"文化唯物主义"。我们希望在概念和方法的多样化，以及美学对当代艺术的理论阐释等方面推动和促进美学的当代发展。

　　传统美学产生于德国古典哲学的莱布尼茨-沃尔夫体系。"美学"由鲍姆加登命名，并且在康德和黑格尔的哲学体系中第一次被理论化，它的核心理念是关于形式的艺术哲学。然而在不同文化语境中，美学以不同的方式存在，例如在法国，美学主要是针对一系列文学批评的实践；而在英国，美学通常被看作关于人生经验的理论。

　　在当代中国学术界，由于多方面的原因，美学是一个内涵模糊、外延混乱的理论概念。我们反对仍然按照康德的学术规范来定义和解释美学的当代发展；同时我们也认为阿多诺所坚持的反对把美学当成一门孤立的学科来理解的观点，在今天看来仍然是十分重要的。

　　除了历史不断发展变化的因素之外，有两个原因造成了目前美学概念的模糊和混乱。首先，19世纪以来，随着现代大学制度的发展，美学被置入大学教育的基本目标之内，它以通识教育或博雅教育的形式存在于大学教育系统之中。与此相适应，随着1913年国际美学学会成立，美学成为一个越来越全球化和跨国界的学科，美学的具体性与普遍性的矛盾成为难以克服的理论困境。

其次，美学的发展同时是一个文化地理学的概念。随着资本主义生产方式的拓展，美学从欧洲传统整个世界。启蒙主义、浪漫主义、现实主义和现代主义各发展阶段与对艺术的康德式阐释逐渐"称霸"全球。

我们看到，伴随着世界历史的进程，到目前为止，以德国美学为核心，以法国美学和英国美学为两翼的三个哲学系统所构成的理论大厦大部分已经坍塌，或者逐渐在坍塌。

在20世纪五六十年代，凯瑟琳·吉尔伯特和赫尔穆特·库恩的《美学史》（1954）和吉多·莫波格·塔利亚布的《当代美学》（1960）在现代美学话语规范方面曾经发挥了重要作用。而随着社会的发展变化，一种新的美学，主要是马克思主义美学在悄悄地发展着，其早期代表有威廉·莫里斯、列宁、卢卡奇和法兰克福学派的第一代学者，随后在东欧和中国也得到了发展。

例如在前南斯拉夫，随着20世纪60年代末至70年代西方马克思主义理论的发展，在滑稽剧的批评实践中，聚集起一群马克思主义的哲学家、社会学家和其他人物，他们的写作和演说主要涉及美学。在贝尔格莱德，米兰·达米亚诺维奇可能是最为重要的美学家。

在20世纪下半叶，随着马克思主义、存在主义和现象学的发展，以往的美学学科开始解体。在一大批哲学家的努力下，一些新的理论传统开始出现。例如80年代在卢布尔雅那出现的拉康主义的精神分析学，在美国西北大学出现的梅洛-庞蒂的存在主义现象学和在中国出现的文艺美学等。

这种新的美学理论比现代主义美学更为复杂，它延伸至不同的人文社会学科领域。它在哲学传统和社会思潮中产生，在理论的层面上实现了方法论的融合或者说是跨学科的结合，并且与艺术实践结合在一起。一个例子是阿瑟·丹托对马塞尔·杜尚或安迪·沃霍尔的作品是否"艺术品"的讨论；另一个例子是瓦尔特·本雅明关于机械复制时代的艺术、光晕、政治的审美化、电影和摄影的功能，以及人类感知模式的新变化等问题的讨论。

我们认为，正是这种"碎片式"的美学，成为当今艺术哲学和美学理论的主要形式。

大约从 20 世纪 80 年代末 90 年代初开始，美学研究才与当时的艺术事件相互结合起来。在此之前，美学是艺术的附庸，或者说阐释者。新的变化开启了美学与世界的更为复杂而多样的关系，我们因此期望批判美学可以在改变世界的过程中发挥更加重要的作用。

在当代理论中，美学研究的中心似乎不再是艺术而是文化。当代美学讨论的中心逐渐从艺术转向文化，或者更确切地说，我们在谈论艺术的时候，事实上是指向文化。但文化的相对性以及过于宽泛的内涵，使当代的文化研究式的美学缺乏美学应有的审美标准和核心价值。如何用更有说服力的理论去有效地解释和阐释当代艺术文化现象，从而跨越艺术和文化产业之间的鸿沟，这正是当代社会的重大理论问题，也是我们这套丛书要努力回答的问题。

这涉及对当代时尚艺术的评价和美学的复兴。尽管许多问题已经提出来了，并且得到了广泛的讨论，但是建设性的理论仍尚未创立。

我们应着重研究本雅明指出的正在改变着的人类感知模式。如果说黑格尔时代有艺术哲学，有浪漫主义诗歌在文化上占主导地位的美学；如果阿多诺的时代有无调性音乐和表现主义美学；如果莫里斯·梅洛-庞蒂是现代绘画分析和评价的典范；如果本雅明作为先锋艺术的后现代主义理论的美学阐释者；如果阿瑟·丹托的早期理论是抽象艺术的哲学化，那么，其中的哲学反思是什么？今天哪一种思想在主导美学的发展？作为当代艺术所产生的理论反思，一种美学理论（或艺术哲学）是否提出了理论抽象工作与艺术实践相比较而言存在的滞后性问题？这些问题显然要求引入对当代美学和美学理论的重要认识。当代美学和美学理论存在于现代主义思潮的土壤之中，我们应当在前人所发展的理论基础之上，构建以文化的哲学认知图式为基础的美学，并促进当代艺术的实践化。这套丛书将沿着这样的理论路径，并将遵循此种理念与精神。正是在这种情况下，"批判美学"才有可能达成它的预期目标。

　　我们期望，有更多的学者参与到我们的工作中来。

王　杰
阿列西·艾尔雅维奇

中译序

　　"危机"仍旧是当代社会的关键词。社会危机、宗教危机、生态危机、美学危机等等，我们不断遭遇各种各样的危机，也不断地努力从危机中挣脱恢复过来。

　　关于资本主义危机，在马克思那里已经揭露得非常深刻。马克思对资本主义剩余价值的发现，揭示了资本家对工人无酬劳动的占有是资本主义社会中对抗性矛盾和阶级斗争的根源，也是资本主义社会危机产生的根本原因，并基于资本主义社会危机的理性分析，提出了科学社会主义的革命性理论：根据历史发展的必然规律，社会主义和共产主义社会必定会取代资本主义社会。随着资本主义社会进入晚期阶段，资本主义生产方式似乎拥有自我更新的能力，通过市场，可以将自己一次又一次地从各种危机中解救出来。无怪乎本雅明要说，"资本主义不仅仅是一种生产方式，还是一种宗教"。在当代社会，马克思的危机批判论是否还具有有效性？资本主义社会真的拥有强大的自我修复能力，能够让它永远地从一次一次的危机中解脱出来并焕发新的面貌？如果说马克思批判的还只是资本主义发展的早期阶段，晚期资本主义面临的危机显然是不同的。如哈贝马斯在《合法化危机》中所谈到的，由于晚期资本主义的国家和经济之间的关系已经发生了变化，现代资本主义社会危机不再单纯地表现为经济危机，而是表现为生态危机、文化危机、核战争危机以及政治危机等。如此，当代批判理论到底应该从哪里找到资本主义社会危机病症的根本原因和致命弱点，从而重建新的危机理论？

《批判理论与当代资本主义危机》就试图进一步思考这些问题。如果说以往的批判理论多是从外部角度对资本主义社会的终结奏响凯歌，本书则提出要从内部制度本身的缺陷上去摧毁。马克思和恩格斯之后，尤其是1968年法国"五月风暴"之后，有些理论家在信仰上发生了摇摆。随着葛兰西"文化领导权"理论的提出，西方马克思主义理论家们虽然转向从文化和意识层面上思考无产阶级革命力量的潜在状态和革命方式，但主要还是依据"危机范式"和"阶级革命范式"。从卢卡奇聚焦于无产阶级革命意识的形成而倡导意识革命起，经由法兰克福学派的艺术革命，直到英国马克思主义理论者倡导的文化革命，再到斯洛文尼亚的阿列西·艾尔雅维奇所提出的审美革命，都是如此。英国马克思主义理论家托尼·本尼特提出了文化治理和审美治理策略，呼吁在社会体制允许范围内来解决社会制度的推进和改善问题。本书讨论的是当代资本主义危机。"当代"交代了语境的复杂性。对于当代来说，剩余价值理论逻辑仍然存在，只是机制发生了很大的变化，经济模式已经转为金融经济和符号经济，由此面对的危机和解救危机的方式也必然不同。

书中这样说：当代资本主义危机既不是后福特主义、后现代主义或者新自由主义模式的资本主义结构性危机，也不是传统马克思主义意义上的资本主义的制度性危机。资本主义危机有了新的发展和特点。证券化交易制度、借贷制度、经济危机转换为金融危机，通过证券化交易机制和符号化的泡沫性资本生产，将借来的金钱提前消费，正是这种泡沫化的债券制度，导致了金融危机。本书也不再将危机视为社会的问题或征兆，而是将其看成是资本主义社会秩序和机制的正常反应。关于当前经济危机的性质、原因以及后果，本书提出了另外一种不同的观点，主张资本主义自身的危机已经抵达其内在固有的历史极限，资本主义正在走向穷途末路。理由有二：一是资本主义对利润的追求在当代社会有所疲软，不再对利润充满疯狂的占有欲，以往对利润的疯狂追逐其实天然地具有缺失性结构。从生产资本发展到金融资本，例如证券化的交易机制，可以使得符号性的生产多倍增长，同时金融经济和符号经济又总是能够将潜在的失败责任转移到个人经济行为者身上。资本主义社会发展已经丧失了内在的动力。二是早期马克思主义在解释资本主义初期危机时缺乏对人性的考虑视角。剩余价值的奥秘在于揭示了人作为劳动力的特殊性：工人的生产劳动不是为自己，而是为资本生产。只有为资本家生产剩余价值或者为资本的自行增殖服务的工人，才是生产劳动者。然而当代社会，随着人工智能的突飞猛进，机器人在很多领域已经替代了人的劳动，这样，人类作为最重要的生产要素的作用必然会减弱。本书认为，这个趋势对于资本主义社会是相当致命的。随着知识经济的崛起，资本主义社会将抵达历史的转折点：即使通过市场的扩张战略来重新分配也无法解决越来越多的过剩劳动力问题，拉康则预言资本主义"即将遭遇爆胎"。

本书依循的仍是马克思关于生产力决定生产关系的理论，只要生产关系不再适应生产力的发展，这种生产关系必定走向消亡。作者一直强调并批判其他的批判理论，没有将危机理解为本体论，并试图从马克思、拉康之间的批判理论中汲取新的思想资源和解释路径。或许，基于当代社会语境反观马克思的剩余价值理论和革命解放理论，会有意外的体悟和解答方式。这个问题可以从"劳动"或工作出发。马克思曾经提出对劳动的解放是工人阶级获得解放的根本。但在当代社会，劳动是切切实实解放了，可是我们并没有获得真正的解放。当新的问题呈现之后，对照马克思主义研究资本主义危机的问题和方法，必然发现其忽略了被时间解放出来的个体，以及在自由闲暇面前所表现出来的人性的堕落与恶劣，因而其批判理论的缺陷在于没有考虑到人性及其社会的动态性变化。对人性劣根性的揭示和关注，使得对资本主义危机的经济学研究转向了人类学研究，转向对自由市场经济持续迷恋的"经济人"分析以及对这种迷恋背后极端厌世的人类学揭示。不过，马克思晚年转向人类学研究，是不是意识到了这种盲视呢？在人类学视域下，通过对人性的本体研究，结论就是这个社会并没有发掘人性善的一面来完成社会的聚合，而是任由人性的恶和贪婪滋长。亚当·斯密揭示了市场背后"看不见的手"在于对经济人的弱视，"看不见的手"正是大他者通过对对象 a 的成功掩盖而让我们天真地相信，一切罪魁祸首都是背后市场经济那双"看不见的手"。事实上，当我们深入地研究"经济人"与社会制度之间的关系，我们发现正是经济人的贪婪和罪恶，将制度本身最终带向堕落。由此，"经济人"并非资本主义的推进者，而是一个名副其实的反社会者。

拉康的理论核心就在于抓住了"欠缺"这一中心概念。显然，作者要从危机本体论的角度来解释拉康及其理论。可以说，康德最先发现自我主体先天具有的缺失性结构，精神分析进一步撕开和直视这个缺口。而拉康对自我主体的精神分析，揭示了真实界作为能指符号的辩证性意义，从而激活了对各方面因素的理解。拉康研究表明，每一个能指符号，都有其获得意义的过程，有其背后的表意链条生产体系。所以每一次危机的出现，作为一个能指符号，可以指涉多个层面的意义。拉康将话语理解为塑造了特殊社会关系的表意结构，通过将拉康的话语要素主人能指、知识、欲望的对象-原因和被斜线划过的主体，比较于大学话语、主人话语和资本主义话语中，以及在这些话语中这个公式的不同排列和表述，发现主人话语和资本主义话语恰恰构成一种倒错的情境：被斜线划过的主体，在资本主义话语中却被悖谬地置于发号施令的位置，这本是个异化的主体，却被作为启动生产性知识的行动者，并相信自己无所不能。其生产的幻象性结果就是以往流行的市场经济操纵论、亚当·斯密的"看不见的手"或马克思的剩余价值理论。同时，拉康在资本主义话语体系中，将马克思从劳动中发现的剩余价值转化为剩余快感，恰好对应了当代社会盛行的"必须享乐"的消费指令。拉康得出结论：既然在资本主义条件下，只有人类劳动能创造剩余价值，那么导致劳动力日益过剩的资本主义驱力只会加速危机的进程，使其达到一个不可收拾的地步并导致自身爆胎。也正因为对欠缺和人性的忽略，以阿甘本为代表的当代批判理论仍旧陷入否定论的僵局中。

本书由海科·菲尔德纳和法比奥·维吉教授共同执笔。海科·菲尔德纳，德国人，英国卡迪夫大学现代语言学院德国研究与批判理论教授，意识形态批判与齐泽克研究中心主任，英国皇家历史学会研究员；法比奥·维吉，意大利人，英国卡迪夫大学现代语言学院意大利研究与批判理论教授，意识形态批判与齐泽克研究中心主任。海科·菲尔德纳和法比奥·维吉教授都热衷于当代马克思主义美学和批判理论的建构事业，与中国马克思主义美学界和浙江大学王杰教授所率领的研究团队频频合作，显现他们活跃的身影。2016 年海科·菲尔德纳和法比奥·维吉教授应邀来杭州参加由中华美学学会、浙江大学传媒与国际文化学院、英国卡迪夫大学意识形态批判与齐泽克研究中心、加拿大文化更新研究院、《马克思主义美学研究》编辑部等承办的第五届国际马克思主义美学论坛（会议主题是"乌托邦的力量：当代美学的政治转向"），并做了《资本主义的有限性及对此的倒错性否认》(The Finitude of Capitalism and the Perverse Charm of Utopian Denial) 的报告。在报告中两位教授提出了对我们时代中两个最强大的乌托邦神话的挑战，这些神话试图以意识形态的缜密运作机制遮蔽和否定资本主义生产方式和生活方式的历史性限制，并提出了如何说明与阐释此种"否定性"神话的问题。2017 年 7 月 14 日至 15 日，由两位教授牵头，卡迪夫大学承办的第六届国际马克思主义美学论坛（会议主题是"创意、批评与全球化"）在英国威尔士卡迪夫举行。在这次大会上，海科·菲尔德纳和法比奥·维吉教授又做了《关于 2008 年危机及其后果的社会分析》的专题报告。报告中，海科·菲尔德纳和法比奥·维吉教授向当代社会最具影响力的三个神话发起了挑战。这三个神话分别是：1989 年的历史宏大叙事，即将苏联解体、苏东剧变曲解为市场经济和自由民主的胜利；资本主义将拥有永久自我更新的神奇能力；把当代社会的危机描绘成一幅后资本主义世界的蓝图。海科·菲尔德纳和法比奥·维吉教授力图通过拉康式马克思主义批判的双棱镜来检验和剖析这些神话，并提出，自第二次世界大战以来，作为社会再生产系统的资本主义已经达到了发展的极限，并且在走向衰落，它的衰落本身并不会迎来一个新的社会秩序。资本主义的历史解体是不可逆转的，它通过消耗资本产生新的剩余价值。后资本主义的形成不再依赖于劳动力的价值增殖，通过享乐主义来替代资本主义，不仅是不可能的，也是不可取的。2018 年 12 月，两位教授再次来到浙江大学出席"共产主义观念及其在当代文艺中的表征"国际学术会议，发表了关于共产主义观念的 12 个看法。由此可见，海科·菲尔德纳和法比奥·维吉教授一直围绕着当代资本主义危机和解决方式进行集中性思考，为当代批判理论的建构提供了新的视角，做出了应有的贡献。相信读者们一定能从这本书中收获到很多的启迪和意外惊喜！

肖　琼

目　录

导　言

资本主义不仅仅是一种生产方式，它也是一种宗教。在大约 1
90 年前，德国哲学家瓦尔特·本雅明（Walter Benjamin）突然产生
了这种想法，当时他正经历着 20 世纪最具毁灭性的危机之一。其
中最核心的债务危机在两年之后，即 1923 年通过巨大的恶性通货
膨胀得到解决，但同时数百万民众失去了毕生积蓄，为 1929 年的
经济衰退与纳粹的崛起[1]铺平了道路。

正如马克斯·韦伯（Max Weber）在《新教伦理与资本主义精
神》一书中所指出的，资本主义并不只是受宗教思想制约（Weber
1904—1905）。在本雅明看来，资本主义本身就是一个彻头彻尾的
宗教现象。它有三个基本特征。首先，它是一种纯粹的膜拜宗教
（cultic religion），不具备神学或理论上的依据。其次，资本主义的
膜拜仪式是永恒不更的，因为每天都是圣日，每天都要求奉献，无
一例外，永无止休。这是极其可怕的。最后一点，也是此种宗教最
丑陋、最畸形的地方，它不再提供救赎。与此相反，资本主义的膜
拜产生了"罪责"（Schuld）——负债、负罪与责备交织为一体——
以及作为通往救世主的唯一途径的自我毁灭（Benjamin 1921）。

---

[1]　这个说法应该是来自布莱希特的作品《阿图罗·乌依的可抵抗的崛起》(*The
Resistible Rise of Arturo Ui*，1941)，主人公阿图罗·乌依的原型就是希特
勒。——译注

　　近来最不寻常的意识形态策略之一，是对各个社会组织实施财政紧缩政策，尽管它们刚刚在几年前，即 2008 年秋季被敲诈勒索以合力拯救银行系统，结果一个个债台高筑。就好像一旦通过政府信贷（一系列紧急救助与刺激计划）、加印钞票以及实施近零利率等高招扭转了局势，使我们重新踏上增长的坦途，那么危机很快就会过去，经济会重新萌发绿芽。2011 年 2 月，当《金融时报》的首席经济评论员马丁·沃尔夫（Martin Wolf）试图对当前的经济危机加以历史性回顾与总结时（Wolf 2011），人们记忆当中企业对国库最大规模的一次洗劫刚刚结束了第一个阶段。2008 到 2011 年间，全球范围内共支取了 15 万亿美元的公共资金来应对这场经济危机，使得"主权债务"的总额达到庞大的 39 万亿美元，这个数字在 2014 年 5 月底进一步攀升至 53 万亿[1]——对于我们所能想到最有效的经济制度来说，这不是一个很差的数字。既然我们已经准备好迎接第二波危机到达顶峰——全球性经济紧缩、各种激烈形式的货币贬值随时可能爆发，那么此刻难道不正是抛弃这种把危机产生的原因解释为原本高效的体制被扭曲的童话叙事的时候吗？

　　在过去的五年中，围绕当前经济危机的性质展开的争论已经产生了无数相互冲突的观点，针对这场危机的原因提出了多种解释，这些原因包括：

　　第一，植根于人性深处的毫无节制的贪婪以及其他心理倾向

[1]《世界债务比较：全球债务钟》(World Debt Comparison：the Global Debt Clock)，载于《经济学人》(The Economist)，http：//www.economist.com/content/global_debt_clock（2011 年 2 月 18 日）。如前所述，目前为止这个数字是 53450951762901 美元，上升迅猛（2014 年 5 月 30 日下午 2:45），转换成人均公债／公债占 GDP 百分比的形式，则数字如下：英国：39632 美元／96.7%；法国：37786 美元／95.4%；德国：34212 美元／84.2%；希腊：28572 美元／153%；意大利：39306 美元／121.6%；西班牙：21891 美元／81.8%；美国：42965 美元／83.1%（出处同上）。抱着相同的末日逼近之感，主流经济学家们老早就开始把当前的危机称为"大停滞"（例如参见：Cowen 2010；Denning 2011）。

（例如：Tett 2009；Greenspan 2009；Greenspan 2013；Akerlof and Shiller 2010）。此一观点无非是重复了自由主义思想的人类学主题，即康德所说的"人性这根曲木，决然造不出任何笔直的东西"（Kant 1784：211）。

第二，对主张市场的效率与自足的新自由主义理论的盲目迷信（Davidson 2009；Elliott and Atkinson 2009；Sainsbury 2013；Carney 2014）。

第三，对金融行业，特别是银行系统的监管与调节的体制性失败（Skidelsky 2009；Cable 2010；Hutton 2010；Acharya et al. 2011）。

第四，集体想象无法理解系统性风险的失败（Besley and Hennessy 2009；King 2012）并吸取历史教训："此次不同以往"，综合征（this-time-is-different-syndrome）不断重复出现（Reinhart and Rogoff 2009；Gamble 2009）。

第五，在国际金融、货币、贸易以及全球管理体系中存在的严重失衡及其所导致的财富不均衡与收入不平等（Wolf 2009；Stiglitz et al. 2010；Roubini and Mihm 2011；Krugman 2012；Piketty 2014）。

第六，盎格鲁-撒克逊世界将自己构想拙劣的资本主义模式强加于全球经济（Sinna 2011；另外中欧大部分政治精英持此种观点）。

第七，"大政府"（Big Government）及其过多的错误监管（Ferguson 2012；Butler 2012；Dowd and Hutchinson 2010；Beck 2010）。

第八，过度积累与盈利能力下降引发的长期危机（Callinicos 2010；Harman 2009），以及自20世纪70年代以来几十年的过度剥削所导致的消费不足（Wolff 2010；Harvey 2011；Harvey 2014）。

第九，利润率下降的历史趋势，正如马克思在《资本论》第三卷中所预言的那样（Carchedi 2010；Kliman 2012）。

第十，被认为将伴随认知资本主义[1]的发展而出现的新的资本积累形式受到了阻碍（Marazzi 2011；Hardt and Negri 2009；Vercellone 2010）。

第十一，随着垄断金融资本长期停滞而绝非快速增长的趋势，产生了剩余资本的吸收问题（Magdoff and Yates 2009；Bellamy Foster and McChesney 2012）。

前面七种解释属于在两个相关的极端中间摇摆不定的一类观点，其中一个极端是把危机视为"巨大的知识错误"（Hutton 2012a），另一个极端则把我们引向我们的"动物精神"，也就是说——交易与消费决策往往基于本能的感觉而非理性的选择与计算，这成为一种公认的智慧[2]。而后面四种解释则属于另一类观点，它们强调资本主义的矛盾性如何系统地、不可避免地导致经济危机。这两类观点的共同之处在于，它们都或明确或隐晦地相信资本主义生产方式拥有永恒的、神奇的自我更新的能力，除非它遭遇到一个不可战胜的外部极限，譬如地球的生态有限性，或者它被反对或被推翻。

对于当前经济危机的性质、原因以及后果，本书提出了另外一种不同的观点，延续了埃内斯特·曼德尔（Ernest Mandel 1975）、罗伯特·库尔茨（Robert Kurz 1999）与斯拉沃热·齐泽克（Slavoj Žižek 2010）等批判理论思想家的传统，作为一种社会再生产体制，资本主义不仅已经陷入自二战以来最深刻的危机，而且已经抵达其内在固有的历史极限，正在走向穷途末路。它的消亡并不取决于对"地球界限"（planetary boundaries）的灾难性破坏，也并不取决

---

[1] 认知资本主义（Cognitive Capialism）理论把人们的认知能力看作一种巨大的资源，是当下资本主义经济增长的决定性因素。——译注

[2] 这个概念可以追溯到凯恩斯，他说："人类本性的特点就是我们的积极活动有很大一部分依赖于盲目的乐观而非数学的期望值。"这是导致经济不稳定的一个很重要的原因（Keynes 1936：162）。

于，如政治界所普遍认为的，一种足以推翻它的政治力量的崛起。它自身也绝不会带来一种新的社会秩序。今天我们正经历着资本主义的历史性崩溃，其原因是资本主义丧失了产生新的剩余价值（利润）——资本主义经济的命脉与终极目标——的能力。结果，世界上越来越多的地区将陷入生产力持久低下的困境（"欠发达"），而过剩的人力则注定要溺水求生（"失业"）。

本书将借助两种相互关联的视角——马克思和拉康——来阐明是什么使得当前的危机区别于以往的任何危机，譬如 19 世纪最后 25 年的"长萧条"（Long Depression），20 世纪 30 年代的"大萧条"以及 70 年代的滞胀危机。解释为什么当前的危机不仅仅标志着一种特定的增长模式的结束，这种增长模式被认为迟早会促生一种新的模式，只要我们足够聪明——阿纳托尔·卡列茨基（Anatole Kaletsky）在《资本主义 4.0》（*Capitalism 4.0*，2011）一书中用优美的语言表达了这种无处不在的期望，它在整个政治景观中得到强烈的认同（譬如参见：McDonough et al. 2010；Chang 2011；Haug 2012；Atzmuller et al. 2013）。回归凯恩斯主义经济政策能不能使危机得到解决，如约瑟夫·斯蒂格利茨（Stiglitz 2010）、保罗·克鲁格曼（Krugman 2012）与马克·布莱思（Blyth 2013）所相信的那样？在"能找到的工作"（work to be had）与"需要完成的工作"（work to be done）之间的豁口持续变大的情况下，推动新一轮的科技革命能否取得成功，如威尔·赫顿（Hutton 2012b）与尼古拉斯·斯特恩（Stern 2009b and 2014）所建议的那样？如果马克思本人亲历马克思主义在 20 世纪所遭遇到的问题，他将提出哪些方案？我们到底为什么要把当前的经济困境称为"危机"？在理解这个概念时我们预先假定了哪些解释？这对于我们想象一个非资本主义的未来的能力有何影响？本书将透过拉康-马克思的双镜头，对作为现代社会无意识矩阵的价值形式加以批判，在此基础上回答上

4

述以及其他相关的问题。

在《资本论》中，马克思描述了一个比经验所能验证的世界更大的社会整体（social totality）。这一表征策略的目的是提出一个抽象的概念，使否定的客观性（negative objectivity）进入理论的视野。否定的客观性就像一组神秘的力量与效果，虽然看不到摸不着，但我们知道它们对我们的存在产生了构成性的影响。而马克思用来承担这个表征策略的抽象概念就是"价值"。它命名了在资本主义中人们的社会存在所呈现的历史的、特定的形式，它始终保持无形，但我们能够在存在中体验到它的在场。

在第十六到第十八期研讨班（Seminars XVI to XVIII 1968—1971）中，拉康提出了一种非常特殊的价值形式批判理论，这一点并没有得到相应的重视。在这些研讨班中，除了提出广为人所知的四种话语（主人话语、歇斯底里话语、大学话语、分析师话语）之外，拉康还引入了第五种话语：资本主义话语。这些研讨班的核心叙述是批判现代性对自身的生成矩阵——即资本主义所推动的持续不断的"价值增殖"——的盲目性，正是在这个基础上拉康提出了"资本主义话语"的理论。从现代性的诡计在于将知识的无意识根源转化为可计数的实体这一假设开始，拉康展示了资本主义话语的隐形控制如何比历史上任何的权力形式更具有说服力和权威性。然而尽管资本主义"相当聪明"，拉康却预言它"即将遭遇爆胎"（Lacan 1972：48）。

对价值形式（社会关系、无意识矩阵）作为一种兼具客观性与主观性的模式的强调，开创了把对政治经济的批判与对力比多经济的批判相结合的传统，在过去20多年中，齐泽克（Žižek 1989，2009 and 2010：181—43）使这个传统得到了最有效的发展。这种方法让我们走出危机研究的经济学、商学或行为心理学的学科框架。它使我们能够充分认识和考虑到，为了实现变革，我们必须同时理解剥削与统治形式当中单调乏味的经济强迫性冲动和深层的力比多吸引力，正是它们造就了今天的我们。因此这并不是一个经济学问题，虽然我们将大量地涉及经济的话题。相反，我们的方法结合了意识形态批判与批判理论两方面的优点。前者锁定了当代关于危机问题的论争的盲点，通过症状式阅读来追踪当前这一时刻的"真实界"，后者则通过一个跨越了哲学与实证科学学科界限的概念域来对此加以探讨。

拉康与马克思不会轻易成为盟友，我们也并不打算将两位思想家"强行结合"（shotgun marriage）——这个词被彼得·盖伊用来形容 20 世纪弗洛伊德-马克思主义（Freudo-Marxism）注定失败的努力（Gay 1985：xii）。在本书中，不同的概念框架不会互相遮蔽，相异的含义也不会暧昧不明。我们会把它们当作从视差意义上讲互为补充的视角，它们将阐明资本主义矩阵的两种不同的表现模式，从而使其构成性的扭曲与历史局限性更加鲜明地呈现出来。本书将在以下五个部分展开论述。

第一章透过马克思关于价值形式的奇妙故事的棱镜，追溯当前经济危机的根源。当前关于危机的论争往往忽视了马克思的价值形式理论，但它的缺席恰恰是这些论争毫无成效的原因。我们将通过探讨一系列当代的和历史的话题来揭示这个"不在场的原因"，它说明了为什么资本主义矩阵是通过一个定向的、不可逆转的、因而具有物质性与客观性的社会动力来发挥历史作用，结果导致了当前危机的核心问题，即资本价值增殖的动力大大减弱。

第二章仔细考察了"新自由主义奇怪的不死"（借用科林·克劳奇的话来说）（Crouch 2011）以及对自由市场经济持久的迷恋。在由资本主义所构成的历史上前所未有的结构性暴力形式[1]

---

[1] 加里·里奇在最近一项研究中说明了这种暴力形式在何种程度上构成了"结构性的大屠杀"（Leech 2014）。

6   的背景中，我们将考察作为价值形式的主体化身之经济人（Homo Economicus）的迅速崛起与巨大成功，以及伴随而来的对资本主义社会再生产模式具有经济与道德优越性的信念。

第三章和第四章试图描述"危机本体论"对当代资本主义批判可能产生的影响。第三章聚焦拉康在 20 世纪 60 年代末所提出的话语理论，介绍和进一步阐发上述观点的理论依据。我们认为"欠缺"（lack）这一概念在拉康式辩证法中具有本体论的意义，它将为围绕当前资本主义危机展开研究提供一个独特的、富有启发性的切入点，从而避免了在以主体问题为研究对象的很多批判理论中会出现的"对失落了的原因的自恋"。第四章仔细考察了拉康的主人话语、大学话语以及他在 20 世纪 70 年代初简明扼要并且有点神秘地引入的资本主义话语，在此基础上对前一章的核心理论原则进行了扩展。与此同时，这一章还考察了拉康关于知识的资本主义价值化（valorization）[1]的观点，并把它与马克思的价值理论相对照，辨别两者的相似性，并勾勒出拉康式劳动批判的轮廓，这一批判具有深远的政治意义。

最后，第五章对吉奥乔·阿甘本（Giorgio Agamben）关于当前危机的弥赛亚主义道路进行考察。我们认为，阿甘本的思想目前受欢迎的程度深刻反映了当代批判理论与资本主义危机之间关系的僵局。通过对阿甘本哲学区别于前述各种危机本体论的独特元素加以图绘，我们构建了自己的论点。我们的研究使我们能够辨认出两种歧异的、最终也是不可调和的批判哲学立场，尽管它们都着重强调一个基本的政治议题，这就是今天我们将如何面对资本主义的

---

[1] Valorization（动词 valorize）既有使某物具有价值，又有使价值增加的意思。有些英译本用 valorization 翻译马克思的 Verwertung（中文一般译为"价值增殖"或"增殖"），因为 Verwertung 亦包含上述两重含义。本书根据具体情况或译为"价值化"，或译为"增殖"。——译注

危机。

　　贯穿整本书的关注点可归纳如下：我们今天正在目睹的既不是后福特主义、后现代主义或者新自由主义模式的资本主义结构性危机，也不是传统马克思主义意义上的资本主义的制度性危机，也就是说，一个建立在资本主义私有制、阶级统治以及市场无政府主义基础之上的经济制度，将最终同时导致特有的过度积累与消费不足。相反，我们今天所经历的是现代社会生成矩阵本身的全面危机。它并不解放任何迄今为止仍被束缚的本质，譬如"生活"或"劳动"，以实现令人安心的、自我透明的生活乌托邦。相反，我们所面对的，正如齐泽克（Žižek 2010：X）和库尔茨（Kurz 2005b：13）所说，是人类文明史的"本体论断裂"（ontological break）或者说"世界末日零点"（apocalyptic zero point）。在 21 世纪之初，本书将贡献自己的一分力量，积极融入为更好地理解这个新时代的特征而付出的集体努力当中。

7

第一章　崩溃且得不到拯救？

　　假如不能将弗雷德·古德温爵士（Sir Fred Goodwin，苏格兰皇家银行前首席执行官）施以绞刑、五马分尸，将其余温尚存正蠕动着的肝肠掏出并塞入他那贪婪的血盆大口，随后砍下其头颅钉在伦敦塔上示众，那么，我们可以干脆一枪毙了他吗？

　　　　　　　　　　　　——安德鲁·罗恩斯利（Rawnsley 2009）

　　有些政治经济学家试图用投机来解释工商业的有规律的痉挛，就像那些如今已经绝种的自然哲学家学派那样，把发烧看作是一切疾病的真正原因。[1]

　　　　　　　　　　——卡尔·马克思（Marx 1980［1857］: 401）

对银行的狂热

　　正如库尔特·冯内古特所说，"我们就是我们假装出来的样子"，因此我们必须"小心我们假装出来的样子"（Vonnegut 1961: 5）。那些关于首席执行官们，关于他们惊人的奖金与永无止境的贪婪的过度玩笑，尽管引人发笑，却无法掩盖一个令人不安的事实：

---

[1]　中译文参照《马克思恩格斯全集》第二版第 16 卷，第 501 页。——译注

人们普遍乐意接受一个影响重大的传统，这就是将（建设性的、生产性的、勤奋的、受人尊敬的、创造性的）生产资本与（寄生的、牟取暴利的、有息的、剥削的、贪婪的）金融资本对立起来，主张前者代表"真实的经济"，而后者则被看作资本主义本身或者坏的资本主义，并因此被视为经济危机的根源[1]。

10

从一开始，面对当前危机，最普遍的反应就是将它归咎于银行家与金融投机者的贪婪，并呼吁建立一种更加道德的资本主义形式，它不仅将终结"谋杀了真挚厚道的商业银行业的赌场式银行业"（casino banking），还要引入公共的"制衡机制，使资本主义保持诚实"并确保它"在未来被安排得更加公平"（Hutton 2008，2009 and 2010：ix）。商业分析家威廉·基根总结说，"事实上，资本主义经济是依靠债务来运作的；只不过银行与消费者必须重新获得一种比例感"（Keegan 2009），在这里他表达了人们想象中的诚信与责任的新时代精神。虽然可以理解，但把当前困境主要归咎于贪婪的首席执行官们的做法，在政治上具有误导性，而在事实层面则是错误的。

在这种情况下，简要地回顾一下《资本论》是有启发意义的。在该书一开始，也就是第一卷的序言中，马克思觉得有必要"避免"对其资本主义批判"可能产生的误解"，于是他指出，尽管他决不会"用玫瑰色描绘资本家和地主的面貌"，他的观点同其他任何观点比起来，是更不能要个人对这些关系负责的。因为"不管个

---

[1] 从资本主义诞生至今，寄生式金融与诚实生产之间的意识形态对立是许多左翼资本主义批判的典型特征，罗伯特·库尔茨有充分的理由称之为"结构性的反犹太主义"（Kurz 1995）。这种被误导的"反资本主义"形式企图从一个事实上仍然内在于现存社会秩序的立场来战胜该秩序。关于这种形式及其与纳粹法西斯主义以及更广泛的现代意识形态矩阵之间的深层结构关系的详细探讨，可参见普殊同的《时间、劳动与社会统治》（Postone 2003：81—114；qtd 93）和齐泽克的《视差之见》（Žižek 2006b：253—60）。

人在主观上怎样超脱各种关系，他在社会意义上总是这些关系的产物"。[1]（Marx 1990：92）事实上，绝大部分"贪婪的"经理人的行为都是符合资本主义制度的要求的，因为在这个制度中，他们最主要的责任既不是为客户服务，也不是为公共利益服务，而是牟取利润，而且是牟取足够多的利润以维持运营并让他们的股东满意。"生产剩余价值或赚钱，是这个生产方式的绝对规律"[2]（Marx 1990：645），而远非个体企业家的病态偏好。银行家们处理的是"有毒的"而非"诚实的"产品，这并不重要，只要进展顺利就行。相反地，他们的金融魔法引发了一波又一波的狂喜，而对冲基金经理的社会地位则达到令人难以置信的高度。既然现在事情变糟了，我们不妨跳过通常的嫌疑人——贪婪的银行家、无能的政府、游手好闲的富人——的哀悼仪式，转向一个更基本的问题：为什么银行可以从一开始就表现得如此"不负责任"，在知情的情况下处理从次级抵押贷款与债务抵押债券到信用违约互换及其他"衍生性金融商品"等"有毒资产"。事实上，为什么他们非得这么做。

在我们写下这些字句的时候，英格兰银行与欧洲央行在 2014 年 5 月 27 日联合发表了一篇文章，提出要重振资产抵押证券市场，这里指的正是因为在引发 2008 年金融崩溃中所扮演的角色而被斥为"有毒"资产的那一类资产（BoE and ECB 2014）。一周之后，英格兰银行副行长乔恩·坎利夫（Jon Cunliffe）在 BBC 广播 4 台的节目《今日》上受到了质问，他承认资产抵押证券的声誉已经被最近的事件所玷污，但他同时坚称，只要有正确的保障措施，它们也可以成为一种有用的借贷机制。

　　　　证券化是一种机制，它可能被利用，也可能被滥用。尤其

---

[1]　中译文参照《马克思恩格斯全集》第二版第 44 卷，第 10 页。——译注
[2]　中译文参照《马克思恩格斯全集》第二版第 44 卷，第 714 页。——译注

是那些源自美国的资产，在金融危机中所发生的是它们被利用、被滥用了，并通过这个体系传播了风险，也就是所谓的"有毒"资产。但归根到底，证券化只是一种机制，它使银行可以发放贷款，将这些贷款打包，然后把这些贷款出售给其他想要向实体经济、家庭以及企业放贷的投资者。（BBC Radio 4，*Today* programme，2 June 2014，6：15am）

证券化交易本身是一个中立的工具，它可以用在好的方面，也可以用在坏的方面。银行制定这个提案的目的不是消除借贷的风险，而是使它变得透明，易于理解。坎利夫继续补充说："某些证券化可能是高风险借贷的证券化；但是只要买家知道他们所买的是什么，并且觉得他们有能力管理这些风险，那么就没有什么问题了。"（BBC Radio 4，*Today* programme，2 June 2014，6：15am）换句话说，正如珍妮弗·兰金所说，"证券化现在又重新流行起来，当许多投资者仍苦苦挣扎于获得信贷时，它被视为一种廉价的融资来源"（Rankin 2014）。有关透明度和可理解性的修辞，将资产抵押证券的制度性问题变成了良好的政策、足够的知识以及适当的行为等问题，同时将有可能失败的责任转移到个人经济行为者身上：你只能怪自己!

新自由主义不是一个错误，尽管它的确通过"不生产就能获利"而促成了一种"金融剥削我们所有人"（Lapavitsas 2013）的新体制，但它并没有使原本富有成效、"真挚厚道"的体制失去平衡或者变得扭曲。我们有充足的理由将过去35年的新自由主义转向视作对20世纪70年代工业资本主义历史性危机的正常反应，而不是把当前的危机视为病态，将导致危机产生的经济制度自然化并为它寻找替罪羊。去除管制与金融化——经济重心从生产转移到金融——不仅是可以纠正的错误，也是对不可逆转的利润紧缩的功利主义反应。

让我们回顾一下 20 世纪 70 年代的结构性危机。当工业社会的福特主义增长模式遭受重创时，苏联的国家资本主义经济制度也陷入崩溃。而在西方，凯恩斯主义的统治终结于滞胀——增长停滞与通胀上升的双重困境。事实证明，无论是在哪一种情况中，由国家来补救实际增长的欠缺的企图都是不可持续的。"新自由主义革命"的时刻到来了。

结果，将生活的方方面面都置于企业底线的迫切需要之下的改革运动，对社会结构造成了极大破坏，却无法恢复战后繁荣时期的增长活力。经济合作与发展组织（OECD）各经济体的增长率持续下滑，年均增长率从 20 世纪 60 年代的 5.3%，到 70 年代的 3.7%，80 年代的 2.8%，再到 90 年代的 2.5%。此外，对劳动力市场的去除管制加剧了购买力下降的问题，而浮夸的反政府狂热则破坏了长期盈利所需的公共基础设施。新自由主义的阶级斗士们陶醉于他们的标志性意识形态信念——金钱只是"物物交换的面纱"（Say 1816: 22），他们只是把债务问题从国家转移到了金融市场。随之而来的是 25 年的债务融资增长，并越来越建立在非实质的货币基础上。接下来发生的事便是众所周知的了[1]。

13　　当债务泡沫在 2008 年破灭时，一种想要回归凯恩斯主义的怀旧情结促成了新自由主义凯恩斯主义这样的矛盾结合体，以此作为最后的一招。由于紧急救助与刺激计划把债务问题转回给国家，金融市场的危机演变成了主权债务危机，只不过程度上比 20 世纪 70 年代时要高得多，而且没有任何机会来重复金融驱动增长的做法。

---

[1] 马克思（与恩格斯）恰如其分地描述道："生产过程只是为了赚钱而不可缺少的中间环节，只是为了赚钱而必须干的倒霉事。（因此，一切资本主义生产方式的国家，都周期地患一种狂想病，企图不用生产过作中介而赚到钱。）"（Marx 1992: 137）（中译文参照《马克思恩格斯全集》第二版第 45 卷，第67—68 页。——译注）

在这种化圆为方的注定失败的努力中，政策制定者们的"帽子里已经掏不出政策的兔子"[1]（Roubini 2012）。正如沃尔夫冈·施特雷克所说，我们一直活在借来的时间里，而且我们还将继续这样下去，因为企业债务被见利忘义者伪装成国有化并且已经用国家资源偿还，而这些资源尚未被开发出来（Streeck 2014）。这种操作的成功依赖于创造未来的剩余价值，其规模之大在历史上是最不可能实现的。然而，因为没有真正的增长，变得越来越棘手的并不仅仅是债务持续问题。资本主义社会的意识形态契约本身宣告无效，因为对作为一种社会伙伴关系的资本主义的接受是与对美好生活的向往密不可分的。

主权债务

2010 年 5 月 15 日，星期六，《卫报》的欧洲编辑伊恩·特雷诺从布鲁塞尔发回报道称："即便以他自己的高标准来衡量，尼古拉斯·萨科齐也超越了自己。这位法国总统突然离开欧盟领导人紧急峰会，直奔一个电视节目的录制现场。紧张气氛显而易见，而且具有迷人的戏剧性效果。"到底发生了什么事？在上一个周末召开的旨在解决希腊主权债务危机——欧洲主权债务危机篇章中最紧迫的议题——的紧急会议上，欧元区领导人在享用过周五的晚餐之后似乎依然没有任何头绪，有些国家终于忍无可忍了。

　　萨科齐声称拥有对 16 个成员国的政治领导权，宣布取得了对市场以及破坏了欧元的"投机者"的决定性胜利。这些隐喻充满了战争的味道。欧洲处于战争状态。他不会放弃他的

---

[1] 英语俗谚，意同"黔驴技穷"。——译注

"防御战线"。然后等到星期一上午市场开盘的时候，敌人将已经吸取教训并溜之大吉……在前一个小时的峰会上，萨科齐大发雷霆。"这真是一出戏剧，"一位经验丰富的欧洲外交官说，"峰会结束得非常突然，因为萨科齐说他已经受够了，他是真的在迫使默克尔面对她的责任。"一位欧盟委员会官员补充说："他大喊大叫。德国人非常难对付，而且不仅只有德国人这样。这是萨科齐和默克尔之间的一场恶战。"……"萨科齐甚至用拳头捶打桌子，威胁要退出欧元区，"萨帕特罗（时任西班牙首相）的一位不愿透露姓名的同事告诉报社记者，"这迫使安格拉·默克尔让步并达成协议。"（Traynor 2010：44）

多么不平凡的戏剧啊！日耳曼雄鹰对阵高卢公鸡——这种情况我们不是一向了然于胸吗？然而这不仅仅是德国人与法国人争执不下的问题，远远不是：

法国得到了西班牙、意大利、葡萄牙以及欧盟委员会的支持。而荷兰、奥地利以及芬兰则站在德国这边，默默地希望默克尔能占上风。领导人的晚餐后辩论表明，欧洲正处于生存危机的阵痛当中……另一名外交官说："这是一次关于主权、成员国的角色、欧盟的目的以及欧盟委员会的作用与权力的基本讨论。"萨科齐把结果称为一次辉煌的胜利。事实上，他是为自己争取了一些时间，使各国领导人同意于次日召开欧盟27国财长紧急会议，就协议的细则达成一致。到星期一凌晨2点15分，已达成以下协议：为单一货币提供7500亿欧元（6390亿英镑）的安全网，它由三个因素构成：一个由欧盟委员会运作的快速通道基金，一个由欧元区16国政府组成的更大的贷款与贷款担保体系，加上国际货币基金组织又多筹集了三分之一的欧元（2500亿欧元）。欧洲选择了震慑与敬畏。在过去两周，默克尔曾多次宣称："政治必须重申对金融市场的首要地位。"这是该主张的一次尝试。（Traynor 2010: 44）

卑微的仇恨被消除了：人人为我，我为人人，大家团结一致对抗财阀统治阶级。但是，实际情况比胆怯的眼睛所能看到的要复杂得多。毕竟，萨科齐绝不是唯一强烈捍卫主权的人。美国政府也同样不满意，因为欧洲老的那一套危机管理已经明显失去控制。

> 美国副总统乔·拜登私下告诫欧洲领导人要团结一致。在5月7日的"萨科秀"几个小时以前，美国财长蒂莫西·盖特纳（Timothy Geithner）敦促欧洲各国财长做出决定，并允诺美联储或者央行将提供资助。然后在上周日，奥巴马总统致电萨科齐和默克尔。一位外交官说："这只7500亿欧元的基金是美国人的主意，他们坚持有必要调用大量资金以稳定市场并挽回正一点一点流逝的信心。这是他们所传达的具体信息。"……到星期一早上，财长们正忙着兑现萨科齐许下的承诺：在远东市场开盘之前，巨额救市计划就会准备就绪。他们错过了去澳大利亚与新西兰的最后期限。各方已就5000亿欧元的欧洲救援基金达成了框架协议。但是，由谁来控制它呢？德国人坚持必须是各国政府而非欧盟委员会。他们赢得了辩论，法国财长克里斯蒂娜·拉加德（Christine Lagarde）强烈要求要赶在东京交易员打开电脑屏幕之前迅速得出结论。（Traynor 2010: 44）

15

这恰恰是社会学家鲍勃·杰索普所说的"时间主权"的削弱（Jessop 2007: 178ff.）。时间主权是民族国家所拥有的能自由支配"做出慎重政治决策所需时间"的权利。它被经济全球化（"快速资本主义"）的需求与压力所损害，导致"快速政策"的产生，具体来说就是政府"缩短政策制定周期，快速跟踪决策，迅速推出计划，持续试验政策，实行制度与政策的达尔文主义，以及不断修改指导方针和准则"（Jessop 2007：191 and 193）。

　　如此坚决地重申政治对金融市场的首要地位，其结果确实令人震惊。"布鲁塞尔多年以来最重要的那个周末"过了几天之后，欧元在市场上出现反弹，但在该周结束前又跌至"18 个月来欧元兑美元汇率的最低点"，德国银行家们向本国纳税人发出警告，他们不可能再收回借给希腊的钱了（Traynor 2010：44）。

　　无论是欧元还是希腊都没有从主权债务危机中复苏，而且今天西欧的民族主义达到了自二战以来最狂热的地步。事实上，"希腊危机"只是一个开端。希腊之后是葡萄牙和爱尔兰。然后在 2012 年 6 月，轮到西班牙政府向欧洲金融稳定基金（European Financial Stability Facility，EFSF）求助 1000 亿欧元，以防止其银行体系崩溃。到目前为止，危机管理的有效性可以以小时来衡量。紧急救助计划宣布之后金融市场表现出来的适度的愉悦感实际上只持续了几个小时，而西班牙原本应该通过注资 1000 亿欧元来降低资本市场上不可持续的借贷成本，最终却未能如愿。相反，西班牙的债券收益率还将进一步上涨。

16　　　　那么，"主权债务"中"主权"是指什么呢？2009 年的《牛津经济学词典》第三版为我们做出了解释，它把"主权债务"定义为"独立国家的政府债务"（Black et al. 2009：422）。这个解释到目前为止还行得通。但是，它们独立于什么呢？像希腊独立于德国，德国独立于希腊般彼此独立？不大可能。独立于金融市场？"时间主权"的迅速丧失也否定了这一点。那么，"主权债务"中的"主权"到底具有何种含义？答案如下：

对于个人或公司的债务，可以通过法律程序迫使他们支付利息以及到期的赎回款项，如果他们不支付，则将其财产移交债权人。但这样的法律制裁却不适用于政府，除非政府选择自愿遵守法律程序。因此存在着主权债务被拒付、减息，或者被强制重新安排的风险。(Black et al. 2009: 422)

因此，我们终究有充足的理由来谈主权与独立，如果我们只是从嘲讽的意义上来说的话：民族国家作为债务人在法律上可以对其债权人不负责任，除非它们作出其他选择。从这个角度看，借钱给政府似乎是一件相当棘手的事，因为"对主权债务的债权人唯一的保护是债务人对失去信誉的担忧：违约将使他们未来借贷的难度变大或者费用增加"(Black et al. 2009: 422)。简言之，这是对国家与政府信誉的经济信心的问题。

当前的危机与以往有何不同?

毋庸置疑，对政治剧场以及演员们——从贝卢斯科尼和默克尔到奥巴马和普京——的个人嗜好的偷窥式迷恋只会导致在处理民族国家与"经济"关系的本质问题时敷衍了事。建立在某种生产方式基础上的国家，相对于这个生产方式而言，绝不是主权的行为者。所以当我们要求政治在金融市场中发挥主导作用，呼吁应对危机时的政治领导力时，有必要记住的一点是，资本主义国家并不是某种守护天使，而只是资本循环中的一个元素。在其物质行为能力（例如增税或借贷）方面，它不仅就像我们每天都被提醒的那样受制于信用等级评定机构与金融市场，而且必然依靠资本增殖经济（通过竞争性榨取货币利润以实现经济扩大再生产）的恩泽才能得到维持，正如我们所知，资本增殖经济是经济持续增长的基础。

17

还有一种情况也会让我们产生似曾相识的感觉，这就是市场的每一次骚乱都会重新引发对体系随时可能崩溃、改革势在必行的讨论，2008 年 9 月雷曼兄弟破产之后情况正是如此。"体系"一词在这里代表着（全球）经济的制度框架及管理。可以肯定的是，要解决普遍的财富和收入不平等的问题，金融与货币体系、贸易体系以及全球管理体系在结构方面还存在许多改进的空间，约瑟夫·斯蒂格利茨以及其他凯恩斯主义者多年来都在呼吁这方面的改革（例如：Stiglitz et al. 2010；Piketty 2014）。但这几乎完全无助于解决根本的危机，即资本增殖本身的危机。

那么，当前的危机与以往有何不同呢？要回答这个问题，我们必须抛弃认为现实具有无限可塑性这样的后现代幻想。资本主义以其惯常的方式生产商品、提供服务，创造了一种历史的动力，它既是物质的、客观的，同时也是定向的、不可逆转的。虽然我们站在隧道的尽头急切地等待光明如往常一样出现，却没有任何理由相信资本主义被赋予了永久自我更新的神秘能力。当前的危机不仅仅意味着一种特定的资本积累模式（"增长"）的终结，只要我们足够聪明，早晚会有新的增长模式取而代之。换句话说，这场危机并不仅仅是周期性、结构性的，或者仅限于金融领域，也不能仅仅归因于过度积累、消费不足以及全球发展不平衡等因素。

在埃内斯特·曼德尔对"第三次科技革命的具体性质"（Mandel 1975：184ff.）的分析基础上，罗伯特·库尔茨将当前的危机置于过去 250 多年的现代化历史背景中加以探讨，产生了一系列深刻的分析，为批判性地理解当前经济危机的历史特点开辟了新的道路（Kurz 1991，1999，2005a and 2012）。使得当前这场危机区别于以往的是，作为新的剩余价值——同时也意味着增长——唯一来源的人类劳动力因为科学的合理化而变得多余，其规模之大前所未有。每当我们从自动取款机而不是银行柜员那里提取现金，或者是使用自动结账系统来为我们的日常购物买单，我们都看到了科技取代人力劳动的证据。长期以来，包括诺伯特·维纳（Wiener 1948：59ff.）和汉娜·阿伦特（Arendt 1958：4—5）等不同领域的著名学者早已从各个角度预见到这种变化。30多年前，经济学家瓦西里·列昂季耶夫写道："人类作为最重要的生产要素的作用必然会减弱，这就像由于拖拉机的引进，马匹在农业生产中逐渐失去作用，最终被完全废除一样。"（Leontief 1983：3—4）这个预言在电子自动化与无就业复苏的时代成为现实。商业公司——"美妙的机器"的引擎——不能被这场灾难吓倒。身处于竞争这种文明的战争中，它必须遵循加速度定律才能生存。随着知识经济的崛起，我们抵达历史的转折点：即使通过市场的扩张战略来重新分配也无法解决越来越多的过剩劳动力问题，这种情况是历史上第一次（Kurz 2012：296；另请参见 M. Smith 2010：1—23）。

换句话说，劳动作为资本的社会实质，正像格陵兰的冰原般融化，并且无法重获新生。这意味着绝大多数的人只能通过雇佣劳动来获得生存手段的社会形态已时日无多。针对这一困境所采取的经济政策，是追求没有实质的增长，也就是说仅仅只是在模拟增长，它在2008年遭遇了挫败。本应是幸事最终却变成了噩梦：技术自动化带来了生产率的增长，资本增殖经济却无法把因工作时间减少而能好好利用的自由支配时间还给我们。恰恰相反，今天备受瞩目的"第三次工业革命"（Rifkin 2011；The Economist 2012）导致了时刻存在的社会达尔文主义，并且使我们的公共生活与私人生活都被严重野蛮化（"紧缩政策"）。

1921年瓦尔特·本雅明写下《作为宗教的资本主义》的片段。他认为自己的悲观预言是超前的，他没写完，生前也从未公开发表。但是，站在废墟前面的后代人将能够认识到资本主义宗教自我毁灭的必要性。但愿他是正确的。虽然经济的水晶球尚未发明，但有一点是明确的：当前的危机将迫使我们直面那些定义了 21 世纪的政治选择。我们要么在为时已晚之前拿出资本增殖机器的动力的替代方案，要么就只能任由逐渐展现的社会生态灾难进一步加剧。社会"不发展便玩完"的奇妙故事将以这样或那样的方式结束。

然而，所需要的替代方案并非"无增长的繁荣"（Jackson 2009）或者"去增长的经济"（Latouche 2009；Ellwood 2014）[1]。没有剩余价值或增长必要性的资本主义概念纯属瞎掰。它不仅是绝望的怀旧情结，还建立在一种隐晦的信念基础上，也就是相信：随着资本主义的全球化，我们遭遇到的只是无可争议的外部"增长极限"，从气候变化到有限的能源与淡水资源，而基本上不存在无法克服的内部限制，因此只要管理得当，资本价值增殖的过程就有可能永久持续下去。这种信念已经过时了。在过去的这半个世纪里，我们已经触碰并且部分越过了新的地球环境安全界限科学所力证的"人类生存的'地球环境安全'界限"（Resilience Alliance 2009；Cho 2011）[2]，也越过了经济竞争环境的界限，在某种程度上，它也是资本主义作为一种社会再生产的历史模式的界限。虽然前者的问题不能归结为后者，但离开了后者它也无法被解决。因此在这个关键时刻需要的就不再是替代的资本主义形式，如生态或"自然资本主义"（Hawken et al. 2010；Heinberg 2011；d'Humières 2010；

19

---

[1] 当前关于"去增长的经济"的争论有着很悠久的历史渊源（例如：Georgescu-Roegen 1971；H. E. Daly 1977 and 1996），它可以追溯到约翰·穆勒在他 1848 年的经典之作《政治经济学原理》（Mill 1904：452—5）中对"稳定状态"的探究。另请参见乔治·卡利斯（Kallis 2011），查尔斯·艾森斯坦（Eisenstein 2011）以及《巴塞罗那去增长宣言》（Degrowth Declaration Barcelona，2010）。

[2] 弹性联盟报告指出了 9 种地球安全界限，它们定义了人类安全活动的空间。它们分别是：气候变化、全球氮循环的变化、生物多样性消失的速度、海洋酸化、臭氧层空洞、全球淡水资源的使用、土地系统的变化、化学污染与大气气溶胶的负载。它估计人类已经越过了前三个界限并很有可能在未来越过其他安全界限。（Resilience Alliance，2009；Cho 2011）

Sainsbury 2013），而是资本主义之外的其他选择了。

在货币卫生学与凯恩斯主义水力学之间：马克思的价值

当然，这并不是将社会等同于市场或国家的主流经济学所宣扬的准则。就像牛顿的如钟表般构造的宇宙，由钟表匠或者说上帝为它上好发条，市场在自由主义者眼中被看作自然的一种自我调节能力，它是一个由客观力量所推动的巨型机器，拥有可以永恒运转的潜能。就像在牛顿的宇宙中一样，我们需要时不时地对市场规律加以调节，尤其是在危机时期。修复的手术由国家负责实施。一旦病人的潜能能够重新转变为动能时，医生就应该退出。然而，如果这种情况没有发生呢？

马克思曾经预言将出现这样的历史僵局：为了摆脱经济不景气的状态并有效防止经济永久萎缩与衰退所必需的经济扩张将不再出现。马克思也预见到将会出现一个社会星丛，在其中，因为能降低成本的技术替代了人力劳动成为资本增殖经济内在的强迫性冲动，使它无法再生产足够的剩余价值，整个地区都将因此面临破产。毕竟，在资本增殖过程中，人力劳动具有双重性质。一方面，它是一种讨厌的成本因素，无论如何都要想办法削减它。另一方面，人力劳动又是资本的社会价值实质，可以说是资本存在状态的集合。对人类劳动能力的剥削是剩余价值的唯一来源，同时也意味着它是可持续的资本积累与利润的唯一来源。因此，对于一个物质再生产依赖于竞争性地榨取货币利润的社会来说，劳动是必不可少的。马克思在《资本论》中把资本积累的历史性崩溃看作一种抽象的可能性，而在《政治经济学批判大纲》中，则认为它是资本主义经济范围内人类生产力发展的必然结果（Marx 1990，1992 and 1993：692ff.）。

如果我们遵循马克思的推理，那么在这种情况下会发生些什么呢？最明显的是，资本的价值实质的相对去增殖（devalorization）（这个世俗化的过程贯穿了整个 20 世纪的资本主义的历史，并集中体现于布雷顿森林体系的建立与崩溃）将变成资本积累与社会财富本身之价值形式的绝对的去实质化（desubstantialization）（在意识形态上反映为对"纸币"与"金融驱动增长"的后现代信念）。随着脖子上价值形式的绳索越勒越紧，即使拥有人类历史上前所未有的创造财富的能力，资本主义社会仍将陷入难以想象的严重的大规模贫困的绝境。

然而，这正是我们在当前危机中所经历的。从历史上看，这场危机是由 20 世纪 70 年代以来的微电子革命所引发的。它不仅仅表现了马克思在《资本论》第三卷中所论证的利润率下降这一相对趋势的加剧（Marx 1991: 315—75）。更重要的，它证实了《政治经济学批判大纲》中"机器论片段"一节所预见的绝对利润额的严重下滑[1]（Marx 1993: 690—712）。换句话说，当前的危机表明内部与外部经济扩张的补偿机制已经在何种程度上陷入停滞，尽管它在以往的危机中成功阻止的利润率相对下降已无可挽回地变成利润额的绝对下降（参见 Kurz 1999: 782ff. and 2012: 274ff.）。其结果是，创造"就业"机会维持生计已经变成"无法负担"的事，更谈不上维持现有的生活水平了。它明白无误地提醒我们，在全球资本主义下绝大多数人的生存权取决于能否以有利可图的条件利用这种可疑的财富。

这里有一个能说明以上情况实际含义的例子。一项由智库益百利公共部门所开展的针对英国就业家庭财务状况的大规模研究表

---

[1] 在《1857—1858 年经济学手稿》中有个被西方马克思主义者称作"机器论片段"的部分，相当于中译文中"固定资本和社会生产力的发展"这一部分，参照《马克思恩格斯全集》第二版第 31 卷，第 88—110 页。——译注

明，在 2012 年，近 700 万处于工作年龄的成年人生活在极端经济
压力下，虽然有一份工作且基本上不依赖政府救济，但离贫困仍然
只有一步之遥。他们"只有很少甚至压根没有积蓄，也不拥有房屋
的产权，他们挣扎到月底，勉强养活自己以及孩子们"（Hill 2012）。
该智库的负责人布鲁诺·罗斯特（Bruno Rost）直截了当地指出：
"这些人是新的工人阶级——只是他们所付出的劳动不再获得回
报。"（转引自 Hill 2012）这一点可以用数据来说明，著名的毕马威
会计师事务所对低工资就业情况的研究表明，在 2012 年 10 月，有
大约 482 万英国工人拿着低于最低生活工资的薪水。当时伦敦的最
低工资是每小时 8.30 英镑，英国其他地区是 7.20 英镑，这是自愿
的工资标准，旨在让接受者达到最基本的生活水准。换句话说，在
英国这样一个名义国内生产总值（nominal GDP）排名世界第七、
购买力排名世界第八的经济强国中，将近五分之一的工人所得的工
资无法维持最基本的生活水平（KPMG 2012）。我们把这个数字与
下面的数据联系起来：

　　官方公布的失业率为从事经济活动人口的 7.9%，譬如国
家统计局 2012 年 6 月至 8 月所发表的数据（总数为 253 万人，
比 2007 年夏季增加了 88.3 万人）。同时我们把这两个数字放
在以下背景中考虑：

　　经济不活跃率为 22.5%，该数据是针对同时期 16 至 64 岁
的人群统计的（也就是说，该年龄段中有 904 万人属于经济不
活跃人口）；

　　英国 2012 年 6 月至 8 月的就业率为 71.3%，也就是说，
在 16 至 64 岁这个年龄段中，实际上有 28.7% 的人在越来越少
家庭能够只依靠一份收入来维持生活的情况下却因为这样或那
样的原因没有工作；

另外还有一个事实，在 2959 万就业人口（包括 420 万属于自主创业或其他就业群体的人口）中，813 万人在整个 2012 年夏季都是从事兼职工作（214 万男性以及 599 万女性，比 2007 年夏季增加了 72.4 万人），在这个时代，兼职工作不仅面临严重的裁员风险，而且与因养老金不足而导致的老年贫困的联系日益紧密（所有数据均来自英国国家统计局，ONS 2012：1，2，5，35）。这样一来，我们就对英国问题的各个层面有了一个大概的了解。

22   这当然不是英国独有的问题。更确切地说，它是所有经济合作与发展组织国家的通病，自 2008 年危机开始以来，这些国家所承受的来自总体资本主义的历史后果的压力越来越大（例如参见：Therborn 2013：101—50；Stuckler and Basu 2013：57—94）。在过去 200 年中生产力得到前所未有的提高，而今天，现代社会在节省时间、创造财富方面所拥有的强大潜能却不得不呈现为就业不足与失业的负面形式，这难道不值得注意吗？在 21 世纪，在传统的资本主义中心，我们目睹了在我们"负担"不起的口号下大规模贫困的重现，这到底怎么可能呢？

20 世纪最伟大的经济学家约翰·梅纳德·凯恩斯敏锐地意识到"一种新的疾病正在折磨着我们……它的名字是技术性失业"。不过他把它看作"经济失调的暂时阶段"，而从长远看，"那些孜孜不倦、一心一意的图利者"终将"引领我们"进入一个"休闲与富足的时代"，那时我们能够"将面包薄薄地铺在黄油上——对于到那时仍然必须完成的一些工作，将尽可能广泛地进行分配"，做着"每周 15 小时的工作……每天工作 3 小时，已足以使我们大部分人的劣根性获得满足！"他能预见到的唯一问题是文化上的问题，即"从紧迫的经济束缚中解放出来之后，应该如何利用自由、利用科学和复利（compound interest）为我们所赢得的闲暇时间，从而生活得更明智、更惬意？"（Keynes 1930：364，367ff.）[1]

凯恩斯没有看到的是，在资本主义社会的核心发挥作用的是一种内在于文明化过程的野蛮，它是一个负的力场，从中衍生出资本主义社会的运作规律[2]。这个马克思所谓的"神秘性"（occult quality）将现代社会锁定在自我毁灭的历史轨道上，同时又使它表面上呈现出一种类似自然（quasi-nature）的秩序。而马克思用来概括这一"神秘性"的术语便是资本，或者说"自行增殖的价值"，也就是可以产生价值的价值[3]（Marx 1994：461）。自行增殖的价值概念使人们集中关注由马克思所谓的抽象劳动系统所构成的现代社会的生成矩阵。抽象劳动的系统是人类的能量在工作、货币与消费循环中的系统性"燃烧"，它构成资本那神秘的（既抽象又真实的）社会实质。同时，马克思对社会再生产的价值形式的关注，也使我们注意到构成如我们今天所认知的社会世界的先验范畴网络，我们可以像福柯一样称之为资本主义社会的历史的先验（the historical a priori）。一般认为，在《资本论》中，马克思开始着手捍卫劳动的尊严，指出它在人类漫长的岁月中创造了无数的财富，马克思同时揭示了资本主义制度下劳动被剥削的秘密，解释了为什么必须解放劳动、为什么无产阶级必须通过其他可替代的现代化途径获得解放的原因。但是与这种富有传奇色彩的描述不同，今天《资本论》必须被解读为社会再生产的价值形式的奇妙故事，它是对资本以及劳

23

---

[1] "但是注意了！"他警告说，"这个时刻尚未到来。至少还得等上一百年，而在这期间我们必须自欺欺人地把公平说成犯规，把犯规说成公平，只因为犯规有用而公平不能带来实惠。在相当长一段时间内，我们仍然得把贪婪、高利盘剥和谨慎奉为神明。因为只有这些才能引领我们走出经济必要性的黑暗隧道，迈向光明。"（Keynes 1930：372）我们的确一直这样自欺欺人。

[2] 凯恩斯对资本主义条件下可支配的时间的基本误解绝对不是一个属于昔日时代的观点（例如参见：Coote 2013；Jackson 2013；Skidelsky 2013）。

[3] 中译文参照《马克思恩格斯全集》第二版第38卷，第333页。——译注

动的批判，讲述了强迫性的扩张障碍成为不治之症的故事[1]。

正是这个故事以及它的主角、马克思称之为"自动的主体"[2]（automatic subject）（Marx 1990：255）的自行增殖价值的社会病理学动力，逃离了经济学这门"枯燥沉闷的科学"。主流经济思想通过一种寻根究底的记者-侦探型"侦探小说"的模式来思考当前的危机，揭露当前的社会状况：人们生活入不敷出，银行家们兴风作浪，政治家们未能发展出一种"可共享的水平扫描的能力"[3]。除非通过一种偏执狂的方式，否则它无法想象一种客观的历史动力，它源自把自己强加于社会每一个角落的超验的整体。这并非巧合。

由于一个多世纪以来占主导性地位的都是边际效用理论及其完全主观的价值观，主流经济思想把价值等同于价格，进而从市场行为者的主观效用推演出价格的概念。从严格意义上讲，新凯恩斯主义与新自由主义都不再打算解释是什么构成了资本主义。不过前者至少保留了"国家不是公司"的观点（Krugman 2009），而后者日益把自己的学术事业限定于为优化市场参与者（包括政府在内）的推理提供数学表征（mathematical representations）。这绝非偶然，而是伴随危机的到来，知识界却不断屈服的标志，在过去 30 年里，对经济过程狂热的数学化掩盖了我们再也无法对社会整体加以概念化这一令人沮丧的事实。我们不应该对此感到惊讶。从历史上看，

---

[1] 需要明确的是，对于要讲哪个故事马克思自己也是拿不定主意的。《资本论》的传奇描述"并非误解，而是一种历史的解读，它植根于资本主义成为一个扩张的经济体系的时代。

[2] 中译文参照《马克思恩格斯全集》第二版第 44 卷，第 180 页。——译注

[3] 英国最重要的一群经济学家于 2009 年 6 月 22 日联名致女王的公开信中用了这个说法（Besleyand Hennessy 2009）。我们将在第二章进一步研究这封信。——原注。水平扫描（Horizon scanning）是一种决策行为与方法，一开始集中在商业领域，后来扩展到非商业领域。英国最早对政府水平扫描进行研究，英国首席科学顾问委员会将它定义为：对某些潜在威胁、机会以及未来可能的发展新方向进行系统扫描。——译注

经济人自诞生那一刻起就不仅仅是由私利驱动的见利忘义的"现实主义者"。从一开始，他就承受着对社会作为一个整体的无知的折磨，这种不幸——我们将在第二章对其进行讨论——终将使他变成名副其实的反社会者。

尽管新自由主义与新凯恩斯主义之间的公开辩论如火如荼，但 24 无论哪个阵营都没有忽视以下事实：在"紧缩"与"增长"之间做出选择，实际上等于是在窒息与溺水之间做出选择。人们越来越怀疑，当前的危机可能并不是另一个熊彼特式的、为新的经济扩张奠定基础的"创造性破坏"事件（Schumpeter 1942：71ff.）。政策制定者们不愿意让金融与主权债务泡沫破灭，也就是说，不愿意"不良资产"的毁灭成为生产性投资与新的增长的前提，他们这种随处可见的不情愿不正是一个普遍预感的迹象，预示了"创造性破坏"终究时日不多，而"焦土政策"则可能成为 21 世纪经济危机更为恰当的隐喻吗？

我们还在增长吗？

但是，当社会形态崩塌的时候，幻想的宝库却是取之不尽的。杰拉德·戴蒙德非常清晰地描述了像玛雅与维京格陵兰岛这样的历史社会是如何崩塌的。它们的相同特征是，一察觉到生存处境变得危险，它们就开始强化所有到当时为止看似成功的策略与实践。它们仍然继续基于过去的经验与实践理性来运作，然而它们的生存条件已经发生了根本性的改变（Diamond 2006）。同样地，今天，一方面为应对经济危机的毁灭性后果同时打出了新自由主义与新凯恩斯主义的牌，另一方面人们仍然坚定不移地相信新一轮的科技攻势将拯救我们，相信"当创新与好的资本主义重新结合时，英国与西方经济将重新增长"（Hutton 2012b）；相信新的科技发展实际上会使我们"一石几鸟"。

几乎没有人能像尼古拉斯·斯特恩那么权威地把这些写出来。斯特恩是世界银行的前首席经济学家，现任格兰瑟姆气候变化与环境研究所（Grantham Research Institute on Climate Change and the Environment）主席，著有关于气候变化经济的、影响很大的《斯特恩报告》（Stern 2007）。在《全球协议》中，斯特恩描绘了一幅可实现的"蓝图"，讨论"如何在解决气候变化问题的同时创造一个增长与繁荣的新时代"（Stern 2009a: 7），而这就是"绿色新政"。自从经济危机爆发以来，他在一系列论文中分析了气候变化、世界贫困以及经济衰退之间的关联，对"绿色新政"进行深入详尽的阐述。斯特恩认为，应对气候变化与贫困的方式"将定义我们这一代人"，当下显然严重而持久的经济衰退将仅仅构成历史上一个短期的危机，我们必须在对 21 世纪这两个决定性挑战做出战略反应的范围内将它们克服。此外，当前的金融与经济困境"带来了关键的机遇与要求，我们要寻找一个能产生长期可持续经济增长的动力来引领我们摆脱危机：我们不想刚从上一次的失败中走出来却又播下下一次泡沫的种子（Stern 2009b: 9）。

在谈到"2009—2010 年度 2 万亿美元的全球财政刺激计划"时，斯特恩强调全球经济刺激：

> 如果以长远的眼光来实践的话，将给我们提供投入新技术以及低碳增长投资的机会。在接下来的几年中，我们可以投资能够改变我们的经济与社会的新的增长模式，如铁路、电力、汽车以及信息技术在过去的年代里所做到的那样。（Stern 2009b: 9）

假如"全球经济刺激计划中的绿色成分"足够多，大约占全球

计划的 20% 的话,那么:

> 我们就可以通过一种既降低地球的风险又激起新技术浪潮的方式来走出经济衰退的困境,新的技术浪潮将创造出 20 到 30 年的强劲增长,以及一种对我们所有人来说更安全、更清洁、更具有吸引力的经济。(Stern 2009b: 9;另请参见 Stern 2009a: 195)

需要说明的是,我们所选的段落突出了那些表明围绕绿色资本主义展开过更广泛争论(例如参见:Jaeger et al. 2011;OECD 2011)的内容。但是,它们并没有充分体现斯特恩观点的复杂性。面对诸如斯坦利·费尔德曼(Stanley Feldman)、尼格尔·劳森(Nigel Lawson)以及伊恩·普利默(Ian Plimer)等顽固否认气候变化的人时,我们自然十分同意斯特恩所发出的急切呐喊"气候的变化就在此时此地",我们要果断地、一起行动起来(Stern 2014)。

但是,设想新一代的绿色技术可以像过去的铁路、电力、汽车以及信息技术那样带来改变社会的新的增长模式,这却是没有历史根据的。"低碳技术能够开辟新的经济增长与就业的来源"(Stern 2009b: 5),这是全世界具有"绿色思维"的政策制定者们所支持的信念,提出这种观点也许是令人振奋的,在政治上也是便利的,然而低碳技术却无法实现其中任何一个目的。尽管在 19 世纪以及 20 世纪的很长一段时间内,铁路交通、电力以及福特主义生产模式下的汽车对经济增长与就业产生了巨大的推动作用,然而这在历史上是不可复制的。信息与通信技术——尤其是微芯片计算机——开创了后工业时代,但它的影响是根本不同的。数字革命前所未有的合理化潜能成为一种技术驱力,推动了 20 世纪 80 年代的新自由主义转向、反对劳动阶层的全球性阶级斗争以及随之而来的逃往模

26

拟增长这种实质上的逃避主义等一系列变化，以上这一切在经济上把我们带到今天的境地[1]。

无论我们如何看待"好的资本主义"或"可持续增长"的本质与有效性，资本主义都无法恢复提供劳动密集型生产线与充分就业的技术基础设施。当社会再生产体制是建立在其产品面向匿名市场的唯我主义企业以及对人力劳动的榨取基础上时，一旦我们陷入其中无法脱身，无论是技术的盲目发展还是其所导致的社会后果（失业与贫困）与经济后果（利润压缩与经济萎缩）都无法被阻止。随着每一次技术创新的到来，我们将继续毫无悔意地锯掉我们坐在其上的树枝。

然而，问题又来了：难道这不正是那种嘲弄人类创造性与自由意志的野蛮的经济决定论吗？答案当然是肯定的。但是，野蛮的并不是批判，而是批判的对象。我们生活在一个经济的强迫性冲动全球化的世界，其中最隐匿阴险的冲动是人类想要把自己变成可被雇佣的人类能量的内燃机，一种只有被升华为道德高尚且志存高远的生活方式时人们才能够承受的命运。

此外，人们相信技术创新将成为推动经济长期可持续增长、引领我们走出当前经济危机的驱动器，这个信念的合理性是以三个有问题的假设为基础的。第一是关于经济学就是资源稀缺情况下商品与服务的生产与分配的假设，从萨缪尔森（Samuelson 1976：3，18）到克鲁格曼和威尔斯（Krugman and Wells 2009：6）的每一本经济学教科书都坚持这种主张。但是，在绝大多数的当代经济形态中——如果它们确实是经济学主体的话——像商品与服务这样的实用价值的

---

[1] 英国重要的凯恩斯主义经济学家威尔·赫顿同样忽视了两者之间这个关键的区别，他说："正是伟大的通用技术——蒸汽机、飞机以及计算机——改变了我们的生活与经济……在20世纪30年代，不断发展的通用技术推动了经济复苏，而在20年代生产过剩之后进行了改革的资本主义则起到协助的作用。经济要从今天这样无法遏制的低迷中复苏也将需要同样的魔力。"（Hutton 2012b）

生产与分配只不过是创造交换价值（货币）与货币利润的附带现象[1]。　27

　　这就把我们引向与此相关的第二个错误观点，也就是认为我们生活在市场经济及其所附带的一切幻想——例如自由、选择以及公平的机会等等——当中。在现实中，"市场"是资本增殖经济中尽管关键但却短暂的一章。在这个领域中，通过剥削雇佣劳动而榨取的剩余价值必须转化为货币利润，以用于再投资。虽然市场经济的概念给人以历史永恒（循环、永恒的回报）的错觉，但是资本的价值增殖却是一个不会自我"重复"的历史的、动态的过程。资本价值增殖的结构性危机只不过是一成不变的问题的不同表现（"明斯基时刻""生产过剩"与"消费不足""市场调整"）。虽然在历史上它们很有可能间歇地、暂时性地将以往的过错一笔勾销，但只有在生产力水平不断提高的情况下才可能做得到，这样做反过来又每一次都从根本上、不可挽回地改变了资本价值增殖的历史条件。

　　第三，相信新一轮的科技攻势可成为带领我们走出当前危机的可持续增长的催化剂，这个信念是把企业成功的驱动因素与宏观经济繁荣的驱动因素混为一谈。的确，从企业的角度看，技术创新与合理化是盈利与经济扩张的驱动器。但是，从资本增殖经济整体的角度看，情况并非一定如此。为什么呢？这是因为剩余价值是一个社会范畴，正如马克思在《资本论》第三卷所揭示的。个别企业"生产"剩余价值的方式与它们生产汽车、计算机或其他的商品与服务并不一样。个别企业所创造的剩余价值并不是它们所生产的任何一个商品的可被证实的属性，而是与其他企业创造的剩余价值聚合起来，构成任何时候都存在的社会总体剩余价值。个别商品表征了社会总体剩余价值的"幽灵般的"社会符号的物质性。但是，个别企业能获得多少剩余价值取决于它在市场上的竞争性，这反过来

_____

[1]　我们将在第二章进一步研究经济学的这种自我认识的含义以及稀缺性定理，后者是这一观点的本质所在。

反映了其降低劳动成本——即消除抽象劳动从而消除剩余价值的唯一来源——的技术能力，同时迫使其他企业跟着这样做。那么，具有讽刺意味的是，最成功地发扬了创新精神的企业就是那些最大限度地削减社会总体剩余价值，因而同时也最大限度地削弱就业与长期可持续增长的一般基础的企业。

　　因此，就我们今天的处境来看，新一轮的科技攻势只会在短时间内产生预期的效果，而且只会对某些地区有用，在其他所有地区则会直接或间接失效。那些想要通过经济的力量（"共同"的市场和货币区）与经济外的暴力（全球治理和战争）来提高技术竞争力的国家与地区将控制仅剩的繁荣岛屿。现在我们可以大概知道为什么斯特恩的号召会令很多人脊背发凉了，他强烈呼吁"发达国家必须做出表率，尤其是为发展中国家做出表率，证明低碳增长不只可行而且是解决全球贫困问题的有益、高效并且具有吸引力的方法"，"它的确是唯一的可持续发展的路线"（Stern 2009b：8）。

　　虽然马克思主义没有预见到资本主义经济在 20 世纪的大规模金融化以及随之而来的货币的贬值，但他所提出的"虚拟资本"的概念很好地解释了今天所发生的事情。他明确指出，不具有实质的资本积累是当代资本主义危机的典型表现，也决定了迄今为止所寻求的补救措施的性质。它抓住了所有拜物教幻想的本质，即资本可以脱离剥削雇佣劳动的麻烦（或者说道德暴行——随你选）而实现价值增殖。换句话说，资本可以超越劳动而存在。钱生钱是资本主义乌托邦的梦中景象。不用说，我们今天所目睹的则是其不可能性的实际证明。但是，如果在我们生活的世界里，虚拟资本已经必然地并且不可逆转地——而非暂时或偶然地——主宰了资本价值增殖的过程，而资本积累已经在极大程度上变成虚拟的（虚拟绝不是"想象的"，而是无实质的），为什么我们还会希望继续把从经济上榨取货币利润作为我们所认为的"有效""现实"以及"负担得起"

的标准呢？对财政负担能力、经济效益以及财政现实主义等概念的质疑远远不是一种歇斯底里的姿态，它是超越单纯的危机管理逻辑的前提条件。

重新加载马克思？

在这里，我们也像杰森·巴克（Barker 2011）、特里·伊格尔顿（Eagleton 2011）、本杰明·昆克尔（Kunkel 2014）以库尔茨及近年来的很多学者一样，为马克思的资本主义批判提供了一个案例。然而，在我们继续之前需要注意一点，这就是，马克思的著作是具有多义性与两面性的，介于自由主义现代化理论与激进批判之间。更重要的是，马克思主义运动的政治史永远是任何企图轻松顺畅回归马克思的行为的障碍。毕竟，马克思主义在 20 世纪成为影响巨大的政治力量，并不是因为《共产党宣言》（或者《资本论》）是唯一合理的、有说服力的这种理由，最重要的原因是它得到了不屈不挠的政治机器的拥护。它在解放运动中的领导权建立在它深入劳工运动内部的制度性建设及其政治组织的基础上，而不依赖于思想的潜能。

随着东西方工业资本主义的衰落，工人运动马克思主义，本来是马克思主义在政治上最强有力的体现，虽然它仍在继续作战，但只不过是身份政治的最后一搏。这不是巧合。工人运动马克思主义一直是身份政治的拥护者。它的主要目标是使劳动获得应有的承认：劳动是超越历史的，是"整个人类生活的第一个基本条件"[1]（Engels 1876：452），没有它，社会生活将完全停止。工人运动马克思主义的政治任务是确保工人阶级获得一个可以充分反映劳动在

---

[1]　中译文参照《马克思恩格斯全集》第二版第 26 卷，第 759 页。——译注

社会中承担财富创造的核心角色的地位。但是，仔细观察之后，我们发现这个"社会"总是建立在工作、金钱与消费三位一体的基础之上。因此，工人运动马克思主义始终只是作为一种生产和社会政治部署模式的资本主义动态的组成部分。尽管工人阶级身份政治表达了雇佣劳动群众内心真正存在的对机会平等、分配正义和社会认同的要求，而且这也具有很好的政治意义，只要资本主义是一个不断发展和扩张的体系，在其中被吸收的劳动力多于被排斥出去的，我们也就能期待明天的蛋糕做得比今天更大。但是随着我们今天所经历的资本价值增殖的终极危机的爆发，工人阶级身份政治的时代已经走到了尽头。身份政治彻底地失去解放性的潜能[1]。

但是，如果"劳动"不再是解放政治围绕其展开的轴心的标志，那么"马克思主义"也不再是解放思想本身的标志。任何对马克思的回归都必须重新获取资格。它不能再满足于对资本主义（以及新自由主义、全球化、企业与金融的资本主义、市场无政府主义）的片面的、怀旧的批判，而必须抓住马克思著作中那些看似奇妙的方面，它们挑战了把资本主义建构为一种先验的、否定的总体性（"劳动""货币""市场""竞争""国家"）的矩阵。所有对"资本主义矩阵"加以"积极化"的企图——也就是说充分利用它，无论是部分地利用（代表了身份政治与分配正义）还是总体地利用（以绿色社会主义市场经济或"负责任的资本主义"的名义）——注定要以这样或那样的方式促成专制的危机管理制度，它们打着诸如统一的国家计划的增长策略之类的旗号正迅速涌现。

[1] 工人运动马克思主义不仅在当代新马克思主义和后马克思主义理论中获得旺盛的后续生命（例如参见 Hardt and Negri 2009），它的生命力还体现在其他一些重要的左派主张中，它们试图通过保护工人的利益和生计的方法来克服当前危机，例如肯·洛奇（Ken Loach）的电影《1945 年的精神》(*The Spirit of 1945*, 2013），带着浓厚的工人阶级的怀旧情绪，影片复活了前面讨论过的凯恩斯左派的所有幻想（另请参见 Feldner 2011）。

　　"劳动"，或者用其当代的说法"工作"，无疑是资本主义矩阵中最具有欺骗性的因素。作为一种道德命令、一种经济的强迫性冲动以及资本的社会实质，它渗透到生活的各个领域，结果也就跟"有目的的活动""创造性的努力"以及更普遍的"生产"行为没有什么区别。它显然是一个虚假的朋友。作为一种普遍的社会抽象，劳动被看作人类的"可衡量、可量化和可分离"的能量的消耗，人们"提供"能量以换取金钱（Gorz 2005：54），这种抽象意义上的劳动的王国在历史上产生于资本主义的首次登场，即通过征地所进行的原始积累，从此资本主义将"工作"作为谋生的唯一途径强加给越来越多的人。但是，如果说资本增殖经济的历史开始于把无数人从生产资料和生存手段的束缚中"解放"出来，从而迫使他们戴上"工人"的角色面具的话，那么它现在正在把工人从他们唯一能够混口饭吃的活动中"解放"出来，所留下的不仅是"一个没有劳动的劳动者社会"（Arendt 1958：5），还是一个没有资本的资本家社会。

　　今天"工作"的捍卫者们，或有意或无意地，仍然认为工作社会是唯一可能的社会，他们支持当前的危机管理以及它为我们准备的隔离制度。值得注意的是，在相当长一段时间内，新自由主义凯恩斯主义的合资企业一直忙于以一种独特的方式废除工资劳动：在继续实行工作制度的同时取消工资。如果说在当前的历史关头，"就业"的政治（"全民就业"，让人们重返工作岗位的计划）已经毫无希望地过时了，那么它很快就会变得极端反动。正如让-玛丽·文森特（Vincent 1991）、罗伯特·库尔茨（Kurz，1991，2012）和莫伊舍·普殊同（Postone1993：4ff. and 2012）所反复强调的：作为资本的反面，劳动必须被剥夺掉其享有特权的立场，转变为我们进行资本主义批判的对象。它不能从资本的束缚中被解放出来。相反地，"工作"和"岗位"制度必须被抛弃。

不过，关于这个问题的最后一句话属于马克思，或者更确切地说，属于马克思应该被批判地重新加载的部分：

31   "劳动"，按其本质来说，是非自由的、非人的、非社会的、被私有财产所决定的并且创造私有财产的活动。因此，废除私有财产只有被理解为废除"劳动"的时候，才能成为现实。[1]（Marx 1975：277）

这就把我们引向对现代资本主义合理性最尖锐的批判之一：雅克·拉康对"工作"的批判。但在转向拉康之前，我们想仔细研究一下对自由市场经济的持续迷恋以及这种迷恋背后极端厌世的人类学。

---

[1] 引言出自《评弗里德里希·李斯特的著作〈政治经济学的国民体系〉》，中译文参照《马克思恩格斯全集》第一版第 42 卷，第 255 页。——译注

第二章 经济人：特定背景下格林斯潘的厌世

去年 11 月陛下访问伦敦政治经济学院时相当适时地提出了这样一个问题：为什么没有人预见到信贷紧缩的到来？英国社会科学院在 2009 年 6 月 17 日就您所提出的问题召开了一次论坛，来自商界、伦敦金融城（the City）及其监管机构、学术界与政府的一批专家参加了论坛并发表了见解。这封信总结了与会者们的观点以及他们在讨论中所引用的因素，我们希望它能为您的问题提供一个解答。

——贝斯利与轩尼诗（Besley and Hennessy 2009）

女王足足等待了 8 个月的时间，终于在雷曼兄弟破产后出现的银行危机达到高潮的时刻收到了她在 2008 年 11 月 5 日所提问题的回答。这封信由伦敦政治经济学院的教授、当时的英格兰银行货币政策委员会成员蒂姆·贝斯利与政府历史学家彼得·轩尼诗联合署名。这封信以通俗的语言讲述了这场金融危机发生的原因以及为什么没有人预见到它的到来。那么，问题究竟出在哪里呢？

人们信任这样的银行，其董事会和高级管理层汇集了全球范围广招而来的英才，其非执行董事也都在公共生活中拥有良

34

好的记录。没人愿意相信他们的判断可能出错或者是他们无法
胜任对自己所管理的机构进行风险审核。一代银行家和金融家
既欺骗了自己，也欺骗了那些相信他们是发达经济体中规划发
展步伐的工程师的人。这一切揭示了在这种普遍"感觉良好"
的环境下，想要减缓这种发展的进程何其困难。家庭受益于低
失业率、廉价消费品和立即可用的信用；企业受益于较低的借
贷成本；银行家们获得丰厚的奖金，并在全球拓展业务；政府
受益于高税收，使他们能够增加学校和医院的公共开支。这必
然会造成一种拒绝的心理。在很大程度上，这是由错觉而非美
德推动的循环。（Besley and Hennessy 2009）

女王在为造价 7100 万英镑、容纳了新的格兰瑟姆气候变化与
环境研究所的新学术大楼揭幕时是否提出了进一步的问题，目前并
没有相关报道[1]。但可以想象，在未来某个时候，气候变化的问题
可能也会引起类似的反应。

而在大西洋彼岸，于 2007 年 3 月至 2008 年 8 月期间担任国际
货币基金组织首席经济学家的麻省理工学院经济学家西蒙·约翰逊
也做了类似的坦白：

华尔街迷住了整整一代政策制定者，他们始终坚定地相
信，无论银行说什么，那都是真的。……监管者、立法者和学
术界几乎都假定这些银行经理们知道自己在做什么。但现在回
头想想，其实他们并不知道。比如，美国国际集团（AIG）的
金融产品分部 2005 年税前盈利为 25 亿美元，大部分是靠低价
销售针对复杂难懂的证券的保险得来的。俗话称之为"在蒸

[1]　http：//www.lse.ac.uk/collections/studentRecruitment/sturecpdfs/Focus%20Newsletter%
201.pdf. And http：//www.lse.ac.uk/collections/granthamInstitute（28 July 2009）.

汽压路机前面捡硬币"的这一策略在正常年份是有利可图的，在糟糕的年份却造孽深重。截至去年秋季，AIG 有超过 4000 亿美元的证券未偿付保险。迄今为止，美国政府为拯救该公司已调拨了约 1800 亿美元的投资和贷款来弥补损失，而 AIG 错综复杂的风险模式已经宣告：损失实质上是无法弥补的。（Johnson 2009）[1]

　　正如大卫·格雷伯所嘲讽的那样，约翰逊的供认"忽视"了一种可能性，即 AIG 完全清楚其商业行为可能引起的后果，却安心地放任不管，因为知道最终有人会为他们买单（Graeber，2011：391）。

　　前任美联储主席艾伦·格林斯潘将此次经济危机的爆发直接归咎于人性，这使局面进一步恶化。格林斯潘是美国联邦储备委员会任期时间最长（1987—2006）的主席以及新自由主义革命的主要代表。2008 年 9 月，美国投资银行雷曼兄弟倒闭，引发了金融危机。一年后，格林斯潘在接受英国广播公司（BBC）采访时解释说，经济危机有各种各样的面孔，但它们全都有着：

　　　　一个根本的来源，那就是，人类在面对长期繁荣时总会禁不住假定繁荣会一直持续下去。于是他们开始过度投机，投机所造成的后果贯穿了基本上自 18、19 世纪初以来的世界历史……这是人类的本性。除非有人能找到改变人性的方法，否则我们将会遭遇更多的危机。没有哪一次危机会看起来跟这（一次）一样，因为任何两次危机都没有共同点，唯一的例外是人性。（Greenspan 2009）

---

[1]　对约翰逊这篇文章的引用归功于大卫·格雷伯的提示（Graeber 2011：392）。

　　总之，"事情就是这样"，正如他的战友，美国国防部前部长唐纳德·拉姆斯菲尔德（Donald Rumsfeld）在被问到如何能在已被占领的伊拉克进行大规模的抢劫时所做出的著名反驳："自由是乱糟糟的，自由的人们可以自由地犯错、犯罪和做坏事。"（转引自Loughlin 2003）

　　在格林斯潘失宠之前，不仅仅他一个人的言辞听起来前后截然不同。2006 年 6 月，继格林斯潘之后任职美联储主席的本·伯南克在华盛顿特区斯托尼尔银行研究生院的一次演讲中，赞扬了"在过去 20 年里，各种规模的银行机构衡量和管理风险的能力获得了实质性的提高"。尽管"风险管理实践和银行监管都是在漫长的历史中发展起来的"，但"在过去的 20 年里变革的步伐显著加快，原因就在于信息技术与金融市场的创新"。他强调说，特别是"市场风险和信用风险的管理""变得越来越复杂了"。（Bernanke 2006）更有甚者，1995 年诺贝尔经济学奖获得者罗伯特·卢卡斯于 2003 年就任美国经济协会（American Economic Association）主席，他在发表就任讲话时宣称，"如何预防经济衰退的问题已经得到解决"（Lucas 2003：5）。这是被卡门·莱因哈特和肯尼斯·罗格夫称之为"'这次不一样'综合征"（this-time-is-different syndrome）的一个典型案例（Reinhart and Rogoff 2009：290ff.）。

　　如果格林斯潘对于自己在这场被他视为"百年一遇的事件"（Greenspan2009）中所扮演的角色曾感到些许懊悔的话，他的悔意并没有持续多久。像其他顽固不化的自由市场论者一样，他非常迅速地从最初的冲击中恢复过来。在 2012 年 1 月《金融时报》上撰文对"反资本主义的恶意"大动肝火时，格林斯潘又回到了过去的最佳状态。

36

　　　那些将"裙带资本主义"与自由市场混为一谈的人表现出

最强烈的反资本主义的恶意。当政府领导者通常为了换取政治支持而例行性地为私营部门的个人或企业提供好处时，裙带资本主义就会泛滥。这不是资本主义。这是腐败。与资本主义联系在一起的贪婪和贪欲常常遭到抨击，但它们并非市场资本主义的特征，而是人之天性，影响着所有的经济制度。收入不平等的日益加剧引起人们的关注，但合理的做法是反思全球化和创新，而不是反思资本主义。（Greenspan 2012）

他以丘吉尔式的口吻补充道："无论自由市场资本主义有多么不完善，但试图取代它的任何制度，从费边社会主义到苏联模式的共产主义，没有哪一种制度能成功地满足自己国家人民的需求。"（Greenspan 2012）换句话说，在格林斯潘的世界里，许多事情都存在不确定性，值得怀疑，但有两件事情例外：资本主义市场经济和人性。前者为人类文明提供了一个安排合理的宇宙，我们胡乱干预是很危险的；后者则有着无法弥补的缺陷，因此容易随时引发灾难。格林斯潘关于裙带资本主义和真正的资本主义之间的区分有很多值得探讨的地方，不过在这一章里，我们希望更深入地研究在格林斯潘的评判中显露出来的对自由市场经济的坚定信念以及背后独特的厌世人类学。这是怎么来的呢？

最明显的答案当然是艾恩·兰德（Ayn Rand），盖瑞·韦斯（Weiss 2012）和乔治·蒙比尔特（Monbiot 2012）都指出了这一点。兰德（1902—1985）是一位土生土长的俄罗斯人，1926年移居美国，她提出了一种被她称为"客观主义"的政治哲学，为不受约束的、"无管制的"资本主义提供了一幅特别积极进取的蓝图。它有两个前提：1.相信追求合乎理性的自我利益是道德唯一的存在形式；2.坚信国家政府必须被限制于三种职能——军队、警察和法院，而所得税以及几乎所有带有福利国家色彩的政策都应该取消

（Weiss 2012：2—21）。"客观主义者"不是"保守派"，兰德解释说：

> 我们是资本主义的激进分子……我想强调的是，我们的主
> 要兴趣不在于政治或经济本身，而在于"人的本性以及人与存
> 在的关系"——而且我们主张资本主义，因为它是唯一与作为
> 有理性的人类所拥有的生活相适应的制度。（Rand 1967：vii）

　　而促使她对人的本性以及人类能在其中蓬勃发展的正确的社
会秩序产生兴趣的是"资本主义和利他主义之间的冲突"。（Rand
1967：viii）

　　自20世纪50年代以来，艾伦·格林斯潘一直是兰德最忠诚
的追随者之一。正如韦斯所观察到的，他属于她的核心圈子里的
人，"永远不会抛弃她，永远不会像其他人那样怀疑她，无论她的
行为有多古怪"（Weiss 2012：17）。格林斯潘自己也承认，是兰德使
他相信"资本主义不仅是有效和实用的，而且是道德的"（转引自
Monbiot 2012）。1963年8月，格林斯潘为《客观主义者时讯》撰
写了一篇文章，该文随后被收入兰德广泛流传的文集《资本主义：
未知的理想》（*Capitalism：The Unknown Ideal*，1967）中。在文章
中格林斯潘全面否定了对企业加以管制的必要性，因为"恰恰是商
人的'贪婪'，或者更恰当地说，是他的逐利行为，成为消费者最
无可挑剔的保护者"（Greenspan 1967：126）。正是由于这个原因，
格林斯潘认为不受约束的资本主义是一种"最高尚的体系"，它把
"诚实和守信作为基本美德，并使它们从市场中获得相应的回报"
（Greenspan 1967：130）。因此，根据"贪婪主义的信条"——也就
是格林斯潘与兰德、米尔顿·弗里德曼（Milton Friedman）和罗纳
德·里根共同信奉的"不受约束的利己主义促进了共同利益"——
"金融市场不会出错"（Krugman and Wells 2011），这是自然而然的

推断。这个信条在过去的半个世纪里不断演变发展，而兰德的影响不可估量。韦斯甚至怀疑，在美国，在经历了 2008 年金融危机之后的今天，她的影响前所未有的广泛和深远。(Weiss 2012：2ff.)

尽管如此，像格林斯潘这样的自由市场论者还与他们的对手中央统制经济论者共享着一种厌世的人类学，其历史根源要比艾恩·兰德久远得多。事实上，以自由和共同利益的名义对人类同胞进行监督与规训的邪恶需求——它既是兰德与格林斯潘的人类学的前提，也是其必然结果[1]——可以追溯到 17、18 世纪自由主义思想的根源。

人类学转向

38

在 1798 年的《从实用主义角度看人类学》(*Anthropology from a Pragmatic Point of View*) 一书中，康德谴责 "我们已经堕落的人性" 就像 "愚蠢的鼹鼠自私自利的眼睛"[2](Kant 1798：21)，这个我们所熟悉的现代人形象在过去两个多世纪里一直在形成当中。既充满欲望又精于算计的现代人形象是人们试图从规范和法治的社会制度方面构想人类世俗世界的努力的一个组成部分。这一努力从（用一个虽然过时但很便利的说法就是）自然科学，尤其是天文学

---

[1]　关于这一点，斯拉沃热·齐泽克最近发表了一个有趣的评论，指出兰德所提出的唯一的选择是在资本主义和直接的统治关系之间二选一这个 "荒谬的意识形态主张" 中存在的 "一丝真理"。在齐泽克的典型症状式阅读中，兰德的观点意味着 "在市场经济中，人与人之间的关系可以表现为相互承认自由与平等的关系：统治不再是直接实施的、可见的"，然而，用马克思的话来说则是，它披上了 "物与物之间关系的外衣"(Žižek 2012：1004，着重号为本书作者所加)。齐泽克通过马克思的商品拜物教概念对兰德所做的这种违反常理的解读体现出来的可就不只是一丝真理了，尽管如此，我们在这里要重点指出的是，当代资本主义越来越多体现出直接的统治关系。

[2]　本书作者的翻译。在康德的批评中，鼹鼠自私的眼睛明显是 "愚蠢的"(blöd)而不仅仅是标准翻译所表示的 "软弱的"(schwach)。

和物理学的迅猛发展中获得认识论的合理性，这表明社会物理学可能产生同样令人信服的结果。到了 18 世纪中叶，对规范配置、发展模式以及法律（神圣政府的世俗化规则）的探索在欧洲已经成为固定的主题。法国重农主义者的自然秩序、普鲁士的国家科学（Staatswissenschaften）以及英国的推测史学和政治经济学的兴起是这方面的突出例子（参见：Kondylis 2002；Rüdiger 2005）。

人类的事务显然是有缺陷的，因为人类的激情和自由意志是不可估量的，那么是什么使得这块流沙之地可以通过类似科学的方式来思考呢？18 世纪的学者比他们的前辈更聪明吗？不见得。在我们的语境中有三个方面的发展与之关系密切：首先是传统的学术知识等级制度基本确定，这个过程从 16 世纪开始启动，在 17 和 18 世纪在科学革命和启蒙运动两次知识革命的影响下加速发展。其次，伴随着对学术知识形式的传统秩序的挑战，与亚里士多德主义相关的解释框架的合理性和接受度也被削弱，亚里士多德主义的哲学议题黯然失色，并在很大程度上被其他类型的科学理性所取代。再次，一些科学理性模式衰落而另一些模式兴起，其背景是，在欧洲人们对一般知识以及知识与特定社会秩序之间关系的态度发生了广泛的变化。这些变化是 18 世纪 50 年代至 19 世纪 50 年代一百年间欧洲社会所发生的根本性转型的组成部分，结果产生了现代资本主义经济，因此人们把这次转型描述为"双重革命"。但是，正如 1789 年法国大革命及其遗产所体现的，工业革命不仅仅伴随着政治实践的革命。与"双重革命"齐头并进的还有认知实践所发生的深刻变化，认知实践使知识得到保护、能够被评估与传递，它的转型反过来强化了"双重革命"（Wittrock et al 1998）。这里有三个方面特别重要。

像翁贝托·艾柯作品中的方济会修士巴斯克维尔的威廉（William of Baskerville）这样的中世纪知识分子，如果放到早期现代的欧洲，他们会做出的最令人震惊的行为，或许就是重新评估为达到实用目的而生产知识。广义上说，根据理性原则来塑造社会的愿望使得知识实践越来越仅仅服务于实际的目标。汉娜·阿伦特在《人的条件》(*The Human Condition*)一书中指出，"思考"成了"行动的婢女，正如它曾经是……中世纪哲学中沉思神性真理的婢女一样"。随着有用的或实践的知识（例如贸易或生产过程的知识）的兴起，对永恒真理的沉思将失去认识论的特权。结果，"科学与哲学真理分道扬镳了"。(Arendt 1958：290，292)

　　知识应当有用的信念当然不是某种自由漂浮的无根的想法。相反，它是早期现代国家的形成以及伴随而来的知识政治不可分割的一部分。事实上，早期现代欧洲的政府实践越来越建立在系统收集服务于实际目的的信息这个基础之上，例如公共财政（政治经济学）、国家领土的测绘（制图学）以及被统治者的福利与监控（政治数学、统计学和警察科学）。作为早期现代国家发展过程中的关键因素之一，官僚主义的兴起被马克斯·韦伯描述为"基于知识的控制"(Weber 1922：339)，这不无道理。

　　这就引出了认知实践转型的第二个方面。对有用知识的重估与越来越多地使用机械的隐喻来想象世界是联系在一起的。"世界图景的机械化"[这里借用了扬·迪克斯特休斯(Jan Dijksterhuis)经典著作的标题，这是个相当贴切的题目]在日渐偏离亚里士多德物理学的转型中发挥了重要作用。在亚里士多德物理学中，物质本质上是活跃的，而运动则具有发展的性质，因此物质自然是有计划和目的性的。在我们的语境中，重要的是，建立另一种理论框架——统称为机械哲学——所取得的历史性胜利，导致人们以机器的特征为自然建模。不同的机械哲学家，如勒内·笛卡儿、罗伯特·波义耳和艾萨克·牛顿等都把物质看成是惰性的，把自然看作一架其因果关系可被说明的机器，试图以此达到"世界的祛魅"(Weber)，这样做使他们相信自己已经找到了一个明白易懂的比喻，它使人

40

们可以不用借助"神秘力量",如灵魂般的属性(万物有灵论)或者目的与意图的能力(目的论)等来构想自然及其组成部分。事实上,在17和18世纪,人们普遍相信人类只能确切地知道他们自己运用体力或智力所做的事(参见:Dear 2001:80—101;Shapin 1996:65—117)。

机械的隐喻,以及与之相伴随的认为人类只能知道他们自己所建构的东西的信念,并没有被局限于自然研究的领域。它涵盖了知识的所有分支,正如托马斯·霍布斯下面这句话所例证的:"几何学是可证明的,因为我们的推理所依据的线条和图形是由我们自己绘制和描述的,公民哲学也是可证明的,因为是我们自己建立了联邦国家。"(Hobbes 1656:184)

这个方面对人们想象一种"人的科学"所具有的认识论意义在吉安巴蒂斯塔·维柯的《新科学》(*Scienza Nuova*)中变得很明显(Vico 1744:esp.§331)。带着完全只从那些由于人类而存在的东西中获得可靠知识的期待,这位意大利哲学家将注意力从研究自然转向了研究历史。他分析说,既然是上帝创造了自然世界,那么也只有上帝才能理解它。而人类本身只能从对"文明世界"的研究中获得可靠的知识,因为文明世界是人类创造力的产物,就像自然是上帝的创造一样。尽管维柯对一门新科学的设想在当时并未引起太多关注,但它表明,在纯粹的认识论基础上,对人类事务的探索可以被想象为一门科学。

对人们看待知识的态度产生深远影响的第三个方面是实验作为一种合法的知识创造实践的兴起,集中体现在弗朗西斯·培根的这句名言上:"让自然受到审问。"将实验作为知识创造活动的合理性在很大程度上归功于前面所讨论的观点,即人类只能理解他们自己所创造的东西。同理可得出这样的信念,即为了获得对非人为事物的可靠知识,人们不得不模仿或重现这些事物产生的过程。事实上，实验的本质就在于作为观察对象的现象是由它产生的。"给我物质，"康德在宇宙起源理论中高呼，"我将用它造出一个世界。我是说，给我一些物质，我会让你看到世界如何由它发展而来。"（Kant 1755：xxxiv）康德的话强调了制作（making）和认识（knowing）的混合，而这正是那个时代的特点。它还让我们能够瞥见仍然存在的对"事实"与"制造"（manufacture）之间联系的认识，这两个词在 18 世纪末几乎变成反义词，因为"事实"向"基准"（datum）[1]漂移，它是给定的而非人造的。

41

在我们的语境中，关键在于实践哲学以及更普遍的早期现代经验主义的核心信念，即正确的知识是并且必须是来自直接的感觉经验。这是对亚里士多德传统的另一个支柱的攻击。作为这种信念的象征，罗伯特·波义耳的空气泵实验可以说是那个时代最多产的事实制造机器。亚里士多德学派的学者们没有意识到感官经验的重要性吗？绝非如此。但是，他们对两个相互关联的问题给出了不同的答案。在可靠知识的形成过程中经验扮演了何种角色？人们应该寻求什么样的经验？因为对感官经验的可靠性有所怀疑，在亚里士多德传统中被赋予特权的是那些能证明关于自然界运作的一般看法的经验，而不是为那些见解提供依据的经验。经验尽管被认为是重要的，但最终仍服从于确保已确立知识具有普遍的、不容置疑的性质。相反地，在培根的实验哲学传统中，直接的感觉经验构成了正确的科学知识的基础。因此，通过实验建构起来的经验其目的并不是要说明某个一般性的观点：它并不提供哲学推理，而是要控制它。[2]

然而，从实验中得出的经验并不是那些外行人的自发感觉。

---

[1] datum 的词源是拉丁文 dare（给予）。——译注

[2] 但是，这种经验类型不应被误解为被培根比喻为蚂蚁活动的那种无意识的数据收集。相反，它是收集与消化共同努力的结果，如同蜜蜂所象征的。因此，所建议的探究方法是归纳的、基于经验的，人们从观察和实验得到的事实（"细节"）开始，然后逐步上升到因果知识和一般的结论。

从克里斯蒂安·惠更斯（Christiaan Huygens）到罗伯特·胡克（Robert Hooke）等实验哲学家们坚信，只有通过正确的方法规则来指导和规范经验的建构过程，才能充分理解自然的运作。对自然的"审问"在某种程度上应该"就像通过机器来进行那样"（Bacon）。换句话说，实验作为一种可接受的知识创造实践而兴起，是与实现知识生产本身的机械化的愿望密切相关的，也就是通过方法论指导来规范知识创造的程序，目的在于消除或至少控制人类的激情和偏见所产生的影响。

在整个 18 世纪，公正的或客观的知识的理想以及如何实现这个理想引发了激烈的争论。从证词评估的法律实践到自然哲学的很多领域，普遍存在公正性和无私性的准则（参见 Dear 1992）。有关视角的灵活性，也就是超越所有特殊观点的公正性的修辞，渗透于道德哲学和语言理论等多个领域的学术话语当中。例如，亚当·斯密在他的《道德情操论》中要求"人性中那些自私而又原始的激情"必须被超越，事物必须通过"第三者的眼睛来看待……他能做出公正的评判"（A. Smith 1759：135）。事实上，在慎思和行动中超越个人观点似乎为许多道德哲学家提供了一张能促成和谐有序社会的重要配方。洛林·达斯顿将这种对待知识的态度称为"非视角的客观性"（aperspectival objectivity）（Daston 1992：597ff.），也就是以公共知识和普遍可传递性的名义来消除个体和群体的独特性，从而实现"从视角中逃离"[1]。

观点和偏见被理解为不可避免的人类特质，是需要被有效处理而不是抱怨的生活事实，这成了 18 世纪下半叶认识论论争的症状。但是，越来越多的人认为，通过呼唤主角的道德节操来消

---

[1] 这种被托马斯·内格尔称为"不知从哪冒出来的观点"（Nagel 1986）从那时起就已成为现代社会意识形态的关键，关于这个问题的最近的描述参见施梅克的研究（Schmecker 2014）。

除视角扭曲的影响是不够的。重点是从要求个人公正性的道德观念（道德义务）转向一种由非个人的方法规则所保证的非视角性（aperspectivity）和公正性。

经济人

早期现代欧洲的"人类学转向"——在米歇尔·福柯的《事物与秩序》（*The Order of Things*）[1]中我们能找到关于这个问题的最具穿透性的描述之一——表现在其他许多方面的发展中，这些发展以各种方式渗透到社会生活当中。它促成了人类学、生物学和心理学领域的"生命科学"的兴起以及生机论的复兴[2]。1750年左右，作为"对人的分析"（Foucault 1970：340）的人类学，甚至在以人文学科的形式固定下来的各个领域中都扮演了主导学科的角色（参见Garber 1999）[3]。

这里有两个方面特别重要。首先，"人"不仅占据了中心位置，而且成为人类将社会看作一个连贯的、自创生的系统并且"使一台

43

[1] 福柯的《词与物》（Les Mots et les Choses. Une archéologie des sciences humaines），英文版题目改为《事物的秩序》（*The Order of Things*）。——译注

[2] "生命科学"在18世纪下半叶的兴起说明"人类学转向"在很大程度上包含了一系列相反的趋势。生命科学的发展是由诸如"活跃物质""自生成的运动"和"有目的的发展"等概念的复活所支撑的，这些概念甚至像以前一样流行起来。在这个过程中，"器官""有机体"和"组织"取代了"机器""机制"和"机械化"成为主要的隐喻。这就表明，无论是在科学思想还是在政治思想中，从亚里士多德式习语向经验习语的转变既不是一个明确的过程，也不是一个完整的过程。否则的话，不仅浪漫主义，甚至马克思《资本论》的出现都是无法想象的。

[3] 其中最引人注目的表现之一就是"人性的历史"（History of Humanity）这一类型的短暂的兴盛，它把人类的文明理解为人性的进化，这是就"人性"一词的双重意义来说的：一方面，它是人类在时间与空间上的发展；另一方面，它又是人之为人的潜在品质的逐渐实现。约翰·戈特弗里德·赫尔德（Johann Gottfried Herder）的《关于人类历史哲学的思想》（*Ideen zur Philosophie der Geschichte der Menschheit*，1782—91）就是其中最突出的例子之一。

如此美妙、如此有序的机器开始运转"的出发点（A. Smith 1759：167）。其次，在这个背景下"被发现"的人类的状况既是一个承诺又是一个问题。早期现代社会系统理论的先驱者已经开始将"人性"同时视为身体政治的行动者与苦难。以下段落来自托马斯·霍布斯的《论公民》（*De Cive* 1651），它说明了这两个方面：

> 对事物的理解，最好是通过它的构成原因。对于手表或类似的小型装置而言，除非将它拆开，分别研究各个部件，否则就无从知晓齿轮的材料、形状和运动；同样，为了更进一步考察国家的权利和公民的义务，虽然不能将国家拆散，但也要以仿佛把它拆散的样子来考察它；也就是说，我们要正确地理解人性的特点，在哪些情况下它适合、哪些情况下它又不适合建立一个公民政府，还要理解人们之间必须如何达成共识以发展为一个根基牢固的国家。（Hobbes 1651：98f.）

就人性而言，霍布斯坚定地认为"人的性格自然如此，除非因害怕某种强制力而受到约束，他们总是彼此互不信任、互相恐惧"（Hobbes 1651：99）。为什么？霍布斯认为，无论人类对自己和对方有什么样的幻想，"在公民社会之外，人的状态，或者我们可以恰当地称之为人的自然状态，只不过是一场所有人相互为敌的战争"。（Hobbes 1651：101）

尽管霍布斯把人类的状况描述为"17世纪知识冲突与政治斗争的直接产物"（Gaskin 2008：xxii），但他并没有发现过去几个世纪以来被"忽视"的任何东西。相反，他的智慧与天才体现在，作为17世纪欧洲社会错位的一个尖锐的观察者，他预测到一种唯我主义的、见利忘义的市场主体即将从"竞争"的全面内战中诞生，并对此加以详细描述。换句话说，霍布斯所勾勒的并不是"人性"

的轮廓，而是新兴的主体性形式，它是随着资本主义的历史崛起而出现的[1]。

自 17 世纪以来，现代人的形象在自然法和道德哲学的话语中逐渐形成，最终在 18 世纪凝结成了"经济人"（*homo economicus*）。按照彼得·斯劳特戴克（Sloterdijk 2005：79）的解释，早期现代史的主要事件并不是地球围绕着太阳旋转，而是钱能让世界运转起来。虽然铭刻于经济宇宙的否定人类学描绘了一种多层次的生物，但在我们的语境中，这七个特征尤为重要[2]。

1. 经济人再也不能被理所当然地视为政治动物（zôon politikon）了。相反，在危险的情绪、欲望和激情——包括以前致命的罪恶如贪婪、嫉妒和骄傲等——的驱使之下，他即便不是完全不合群的，也是典型的"不善交际"的人（Kant 1784：208）。事实上，"人性的堕落毫无掩饰地表现在彼此没有约束的国家关系中，而在法治的公民国家中大部分却都因政府的监管而被掩盖起来"（Kant 1795：131）。正如霍布斯所证实的，天生不适合社会生活的经济人需要"一个美妙而有序的体系"（A. Smith 1759：166）才能蓬勃发展，需要一种自然秩序来与人类的状况相匹配。

2. 因此，谨慎的政治家首先要做的都是最坏的打算，正如既是医生又是道德哲学家的伯恩哈德·曼德维尔在《蜜蜂的寓言》（*The*

---

[1] 18 世纪末，康德重新阐释了霍布斯看待"人性"的双重视角，视之为身体政治的行动者与苦难。他的"人性这根曲木，决然造不出任何笔直的东西"（Kant 1784：211）这个著名的说法，表达了开明国家的警戒制度所面临的道德困境和政治任务，这是一场永恒的冲突，因为改善人类的悲惨状况既不可能又是必要的。

[2] 在接下来的论述中我们借鉴了以下学者的研究：罗杰·巴克豪斯（Backhouse 2002），埃斯克·博克尔曼（Bockelmann 2004：344—51），帕纳约蒂斯·康迪利斯（Kondylis 2002），罗伯特·库尔茨（Kurz 1999：53—120），迪米特里斯·米洛纳基斯与本·法因（Milonakis and Fine 2009），约瑟夫·沃格尔（Vogl 2008 and 2011：31—52）和米歇尔·沃维尔（Vovelle 1997）。

Fable of Bees，1714）一书中所说的那样：好的政治必须以人类所能拥有的放纵的激情和恶习作为出发点。然而，对于我们新兴的经济人来说，这绝不是坏消息，因为"这些我们都假装为之感到羞耻的品质"（Mandeville 1714: 77）其实也没有什么可谴责的。相反地，那些

> 研究人的本性的人……会发现，使人成为社会性动物的，并不在于他对陪伴的渴望、善良的本性、怜悯、友善以及造就了他那令人愉悦的外表的其他优点；相反，他的那些最卑劣、最可憎的品质是他最不可或缺的造诣，使他适合于那些最庞大、（按照世人的标准衡量）最幸福与最繁荣的社会。（Mandeville 1714: 53）[1]

简而言之，这就是《蜜蜂的寓言》的由反义词组成的副标题"私人的恶德、公众的利益"所表达的意思。除了最初因备受争议而有所耽搁之外，该书在整个资本主义现代化的历史中产生了强烈的反响，并成为自由主义思想的支柱。曼德维尔的目的是"表明各种卑劣的成分聚合起来，便会构成一个健康的混合体，即一个秩序井然的社会；这种政治智慧的惊人力量殊堪嘉许，在它的帮助之下，由最微不足道的部件所组成的却是一部如此美妙的机器"。（Mandeville 1714: 54）。换句话说，在个人的层面上看有悖常理、应受谴责的东西变成了对整个社会来说动态的、连贯的秩序（参见 Vogl 2011: 34f）。我们在这里所遇到的，当然就是通常所说的看不见的手（invisible hand），即上帝的世俗化的手。自 17 世纪后期以来这个惯用语的语义产生了诸多变化，从表示自然秩序的神圣天意

---

[1] 本文中对该书引文的翻译，皆参考了中文译本曼德维尔：《蜜蜂的寓言》，萧聿译，商务印书馆 2016 年版，不另加注。——译注

到把动态的价格机制表征为万有引力定律的社会变体。亚当·斯密的《国富论》(Wealth of Nations，1776)对后者做了最令人难忘的表述，认为它能为自由市场社会的秩序与和谐(均衡)提供保证。我们过一会再来谈这个问题。

在这里我们感兴趣的是另一个容易被忽视的情况，这就是，曼德维尔的神奇公式还有相反的一面。"私人的恶德、公众的利益"也意味着过去在个人层面上应该受到谴责的现在已经不再是这样。事实上，正如我们前面所看到的，"最卑劣、最可憎的品质"已成为"最不可或缺的造诣"。一个重大的转变在这里显现出来了。最残忍、最冷酷和最令人反感的态度现在获得了次等美德的地位，因为它们可以被称为"蓬勃发展的社会的伟大支柱"(Mandeville 1714: 77)。自尼采以来一直引人深思的"重估一切价值"其实早在19世纪初就开始了。作为经济人构成过程的一个组成部分，它为原始积累和工业革命这样的社会恐怖提供了意识形态的伴奏与道德的支持，而这些社会恐怖夺走了所有人的生计，把他们变成穷人、流浪汉和无产阶级。

正如曼德维尔自己所热衷于承认的，他的道德哲学原则"私人的恶德、公众的利益"看起来有些"自相矛盾"(Mandeville 1714: 77 and passim)。不仅如此，以下摘自他的文章《论慈善和慈善学校》(Essay on Charity，and Charity-Schools)的段落则揭示它在实践中所导致的结果：

> 从已经说过的事实可以看出，在不允许存在奴隶的自由国 46
> 家中，最可靠的财富便是众多辛苦劳作的穷人；这是因为，穷
> 人除了是劳动力之外，还是海军和陆军永不关门的育儿所，而
> 且没有他们便没有享乐活动，任何国家的任何产品都会失去价
> 值。在最严酷的条件下，要使社会幸福，使人民生活安逸，大
> 量民众就必须既贫穷又无知。知识会扩大和增加我们的种种欲

望，一个人想得到的东西越少，为他提供生活必需品就越容易。因此，各个国家和王国的福利与幸福，便都要求将贫苦劳动者的知识限制在其职业范围以内，而绝不可（像那些可见的事物一样）延伸到其职业之外。一个牧羊人、农夫或其他任何农民，对世界、对其劳动或职业之外的事情知道得越多，就越不可能欣然而满足地忍受其中的疲惫与艰辛。（Mandeville 1714：294）

如果这让人想起后来从教育部门泄露的一份备忘录，这绝不是巧合。曼德维尔是这种见利忘义的社会形象及相应的关于人类的观点——它一贯将自己伪装成现实主义——的最肆无忌惮的预言者。他只是坦率地表达了后来退回到自由市场意识形态潜台词的观点。值得庆幸的是，曼德维尔为我们清晰地阐明了谁不会从"一个健康的混合体，即一个秩序井然的社会"中受益，以及为什么必须这样才能让这部"如此美妙的机器"顺利运转。

　　注定终其一生过着劳累、无趣、痛苦的生活的人，越早开始这种生活，以后就会越有耐心忍受它。艰苦的劳动和最粗劣的饮食，是对某些犯罪分子的正当惩罚；但是，若将它们强加给另一些人，他们不习惯如此，自幼不曾艰辛劳作，不曾吃过劣质饮食，你又根本不能指控他们有罪，那就是最大的残忍。……受过少许教育的人……不会是个好雇工，不会为了可怜的报酬而去为别的农夫干活。至少，他并不那么适于做散工。散工总是被雇来负责掇摄犁铧和粪车的工作，全然不记得自己还有过别样的生活。一旦需要低三下四、奴颜婢膝的服务，我们总是会看到，它们绝不会使人欢悦，也不会使人像下等人为上等人效劳那样诚心为之。我所说的"下等"，并不单

指财富和人品，也包括知识与智力。一个仆人，一旦其理性使
他发现自己在为一个笨蛋服务，他对主人的尊敬马上就会变得
毫无真心。我们学习知识或服从命令时，心中应当懂得：我们
越是尊重那些为人师者或发号施令者的学问与能力，就越是尊
重他们所制定的法律和指示。（Mandeville 1714: 295—6）

事实上，曼德维尔所说的并非欺人之谈。对于下层阶级的人，
也就是绝大多数的民众来说，纯粹的功能性或工具性知识是当时他
们接受到的全部教育。果然，当司炉"全然不记得自己还有过别
样的生活"时，也就是说在实现了完全识字的情况下，美妙无比
的机器便全力运转起来。为避免在"最幸福与最繁荣的社会"的绵
延不绝的山谷中迷失道路，曼德维尔还增加了一个助记符来帮助我
们在社会地图中确定路线："任何生物都不会甘心屈服于与它们地
位相等的生物。一匹马如果跟人知道的一样多，我便不想骑他。"
（Mandeville 1714: 296）

3. 虽然经济人以一个既精于理性计算又受感性影响的二元形象
进入世界的赛场，但他的行为终究是以私利为基础的。无论驱使着
经济人的是什么样的激情，它们只是掩盖了私利这个不可化约的
因素。为了说明私利在人类事务中的中心位置，克劳德·阿德里
安·爱尔维修在《论精神》（*De l'esprit*）中做了一个巧妙的类比：
"如果说运动的规律支配着物理的世界，那么同样，利益的规律则
支配着道德的世界。"（Helvétius 1758: 42）无论后来经历了多少变
动与修正，把私利视为我们的社会性中不可化约的准原子实质的信
念，一直是整个西方现代化历史，尤其是经济思想演变史的基本公
理之一（参见 Vogl 2011: 35—8）。

4. 如果说经济人一来到世上就是一群在明显的私利驱使下的不
合群的、见利忘义的"现实主义者"的话，事实上从一开始他就

一直受部分失明的折磨。再一次引用康德的妙语来说，"愚蠢的鼹鼠自私自利的眼睛"使他成为一种只拥有部分的（有限的、颠倒的、拜物教的）理性的存在。更准确地说，正是这种企业的"虫眼"视角（the worm's-eye view）使他注定成为永远处于利润与损失之间的二维存在。当一切尘埃落定，经济人并没有从道德与罪孽、善与恶、真与假的差别中找到方向，而是在利与失当中找到了方向。引用一位当代商业大师令人高兴的话来说就是："利润并非一切，它是唯一！"（Cloutier 2009：1）一旦这一目标被设定为一种超越主体的强迫性冲动，并在市场竞争中得到普遍实施，所有人的目光都会固定在两件事情上：实现它所需要的手段，以及战利品的分配比例。"为什么"的问题在这个过程中失去了意义，取而代之的是"怎么做"的问题。

自 20 世纪最后几十年开始，由于经济人的弱视被神秘化，被视作"看不见的手"为了共同利益的目标创造出幸福奇迹的必要条件，结果也就没有什么能够阻止经济人把企业管理的最高标准、底线，提升到所有社会生活领域的绝对命令的位置。其中的推理是简单粗暴的：让我们都像曼城一样踢球，那么明年我们都将赢得英超联赛的冠军！经济人对整体社会性的盲目使他变成了一个名副其实的反社会者。

5. 既然这样，经济人的镇定绝大部分源于对"大政府"不可遏制的厌恶，也就不足为怪了。但是这种敌意并不仅仅只是构成他的一个小小的性格特征。毕竟，看不见的手运作的地方是一方神圣之地，必须保持不被任何世俗的行动者所侵占，以便这只无形之手完成它的任务。它永远不会受到凡人的影响，只有当它的位置被一些人为的机构所篡夺时，它的功能才会被破坏。任何形式的精心计划的社会交际都无法取代这只看不见的手的智慧，它引导市场力量自由地施展（参见 Vogl 2011：40ff.）。

不过，经济人不喜欢被统治，并不意味着他难以管理。与他的自我认知相反，经济人是完全可以预测的、顺从的主体。为什么会这样呢？对经济人的管理相对轻松，因为经济单调乏味的强迫性冲动使他首先要循规蹈矩。作为一个实用的牛顿主义者，经济人把自己托付给市场宇宙的法则。他既受驱动又不活泼，既狂热活跃又无动于衷，在"社会正义论"（sociodicy）[1] 所预先设定的和谐中完全舒适自在，这是所有可能的征服形式中最好的一种，作为第二天性被铭刻在他的身体与心灵上（参见 Feldner 1999：11ff.）。

文化理论家罗伯特·普法勒（Robert Pfaller）运用精神分析学的语体风格，创造了"交互被动性"（interpassivity）的概念，以便准确呈现近乎疯狂的活跃、被动与顺从之间的特殊关联（Pfaller 2003 and 2009）。通过将自己的行为和情感委托给外在的行动者，交互被动的主体避免了与他自己的享乐（快感）发生潜在的令人不安的冲突，就像大他者代替他享受一样。交互被动性无处不在的实践（例如电视节目里的预录制笑声或政治正确的公共仪式等）使主体摆脱了相信自己、享受自我这个令人不堪承受的重负，使他能够"借助于大他者而变得被动"，正如齐泽克所说："我把体验的被动方面（享受）让给了大他者，而我又可以保持积极地"参与其他活动（Žižek 2006a：26）。在普法勒之后，齐泽克通过将拉康的大他者形象称为"理应知道的主体"（subject-supposed-to-know）来说明这种交互被动性的现象。

> 将我们最隐私的情感和态度转移到大他者的某个形象上，这是拉康的大他者概念的核心；它不仅影响情感，还影响信仰和知识——大他者也可以替我们信仰与认知。为了指明这个将

---

[1] 与神正论（theodicy）相对应的概念，主张社会的本质是良善的，为具体的社会形态正名。——译注

主体的知识转移到另一个人身上的操作，拉康创造了理应知道
的主体的概念。（Žižek 2006a: 27）

正如齐泽克所说，其中的政治意义是双重的。首先，交互被动
性在"虚假活动"（false activity）中具有其必要的、普遍的正面性，
这里的"虚假活动"是指我们不断采取行动，从而确保给定情境的
坐标保持不变的情况。经典的精神分析案例是强迫性神经症患者，
他通过疯狂的谈话使分析师忙碌不停，结果这样的治疗就不可能
改变使他深陷其中的困境。其次，交互被动性在政治的"伪活动"
（pseudo-activity）中找到了特定的意识形态对应物，在这种行动模
式中主体遵循由负罪感所诱导、同时又诱发新的负罪感的冲动，成
为（或被视为）一直保持活跃并被某种东西所占据的行动者。这
些活动的作用是阻止人们酝酿出有意义的变革行动，更不用说让
其发生。齐泽克对此加以反对，并提倡我们应该"退回被动的状
态，并且……拒绝参与"一如往常的政治仪式（参见 Žižek 2006a:
22—39，qtd: 26，27）。他把这种态度称为"巴特比政治"（Bartleby
politics）[1]。

在我们对经济人的简短描述中，最重要的是要认识到，经济人
的"理应知道的主体"最好的例子是马克思在《资本论》中提出的
"自动的主体"（Marx 1990: 255），他用这个概念来描述资本增殖经
济的强迫性动力及其市场竞争的内在规律。当该说的都说了，该

---

[1] 齐泽克的"巴特比政治"的概念来自赫尔曼·梅尔维尔的小说《抄写员巴特
比》（Bartleby the Scrivener）中巴特比这个人物形象，他用一句有点神秘的
"我宁愿不"（I'd prefer not to）来回答每一个要求。作为一种策略性的撤退，
巴特比政治旨在对缝合点施加压力，以破坏它从中撤退的体制的力比多经济。
无论它有什么局限性，巴特比政治迫使我们采用一些手段使自己与"体制"保
持距离，从而使我们自己相信我们不是问题的一部分。有关此问题的详细讨
论，以及齐泽克对当前经济危机的立场，请参阅本书作者合著的《论齐泽克的
辩证法》（Vighi and Feldner 2010）。

做的也都做过之后，知道得最多的就是市场了。道琼斯指数（Dow Jones Index）是我们做得怎样、我们可以合理地预期什么的晴雨表。经济人就像一个强迫性神经症患者，为了维持那个事先决定了对他来说什么是真实、有效以及正确的自动主体，他一头扎进日常的激烈竞争中。他可以安全地在大他者面前牺牲自己，毕竟，对于来自环境的制约因素谁也无能为力；与此同时，他又感觉完全掌控了自己的事务，拒绝来自"大政府"的任何干涉。不用说，经济人并不需要相信大他者的存在从而使它有效。他通过不断地参与竞争活动来使大他者替他去相信。

6. 从一开始，经济人就一直是一个充满渴望的主体。他总是缺少一些东西，这种东西所要的多于需求的满足，远离需求的无条件性，使他时时遭受穿透灵魂的"不够"（not-enoughness）的折磨。实际上有争议的是，自 18 世纪以来经济主体通过"欠缺"的内化过程完成了系统性改造。作为欲望机器，他们代表着永无止境的欲望，永远拥有他们不能拥有的东西，做他们不想做的事情。因此，无意识一旦被发现，就会以一种千变万化的欲望的名义被无情地商品化，只不过这种欲望的满足将不断地受到考验。欠缺本身之所以变得欠缺，是因为欠缺的东西可以被提供，尽管总是作为一种暂时的解决方案。

关于这一点，马克思在他未发表的手稿《政治经济学批判大纲》的"货币章"中称之为"抽象的享受欲"（abstract hedonism, abstrakte Genubsucht）。他认为"抽象的享受欲"历史地预设了一个社会，在其中货币占据了中心位置，也就是说它不再"表现为单纯流通手段这样一种奴仆形象"，而是"一跃成为商品世界的统治者和上帝"[1]（Marx 1993：221）。除了"吝啬"（miserliness, Geiz）之

---

[1]　中译文参照《马克思恩格斯全集》第二版第 30 卷，第 173—174 页。——译注

外，抽象的享受欲对马克思来说是"货币欲"（Geldgier）的两种表现形式之一。

> 致富欲望本身是一种特殊形式的欲望，也就是说，它不同于追求特殊财富的欲望，例如追求衣服、武器、首饰、女人、美酒等等的欲望，它只有在一般财富即作为财富的财富个体化为一种特殊物品的时候，也就是说，只有在货币设定在它的第三种规定上的时候，才可能发生。因此，货币不仅是致富欲望的对象，同时也是致富欲望的源泉。贪欲在没有货币的情况下也是可能的；致富欲望本身则是一定的社会发展的产物，而不是与历史产物相对立的自然产物。……一般形式的享受欲以及吝啬，是货币欲的两种特殊形式。抽象的享受欲要求有一个包含一切享受可能性的对象。货币在它作为财富的物质代表的规定上，使抽象的享受欲得到实现。[1]（Marx 1993：222）

可以肯定的是，在这里马克思是以 19 世纪思想家的方式努力给予经济人一个历史位置。值得称赞的是，他不可能知道仅仅一个半世纪之后，就出现了一个更直接的解决方案。正如我们在前面所看到的那样，21 世纪初的经济领袖运用其天才确认了人所习惯的（the habitual）和自然的（the natural）实际上是一回事，而经济人的状况事实上就是人类的状况。要全面把握这一深刻的见解，我们就必须牢记"除非有人能找到改变人性的方法，否则我们将会遭遇更多的危机"。它将引领我们毫无间歇地登上经济的顶峰。

19 世纪末，精神分析兴起，开始对欲望主体的病理进行深入

---

[1]　中译文参照《马克思恩格斯全集》第二版第 30 卷，第 174 页。——译注

的研究，与它同时兴起的是（新古典主义）经济学这门学科，后者同样对贪得无厌的"不够"的深渊进行了表达，尽管用的是完全不同的方式。让我们通过观察经济学家如何看待他们的学科来简要地阐明这一点。经济学实际上是关于什么的？[1]

最普遍接受的经济学定义源自英国经济学家莱昂内尔·罗宾斯（参见 Backhouse and Medema 2009：225）。罗宾斯认为经济学是研究稀缺性的科学。他说"经济学家研究如何处理稀缺的手段"，而作为一门学科的"经济学是一门对'人类的行为'作为目的和有着多种不同用途的稀缺手段之间的关系加以研究的科学"（Robbins 1932：15）。跟随罗宾斯的脚步，20 世纪下半叶最普遍使用的经济学教科书，保罗·萨缪尔森的《经济学》将这门"沉闷的科学"的主题界定为：

> 经济学研究人和社会如何做出最终抉择，在使用或不使用货币的情况下，利用可能有多种不同用途的稀缺的生产性资源生产各种商品，并将商品分配给社会的不同个人或群体以供他们当下或未来的消费之用。它分析改善资源配置模式的成本与效益。（Samuelson 1976：3）[2]

甚至还有一条"稀缺性法则"（Samuelson 1976：18）。让我们看看它是怎么说的：

---

[1] 在接下来的论述中我们借鉴了以下学者的研究：罗杰·巴克豪斯（Backhouse 2002），罗杰·巴克豪斯与史蒂文·梅德玛（Backhouse and Medema 2009），本·法因与迪米特里斯·米洛纳基斯（Fine and Milonakis 2009），迪米特里斯·米洛纳基斯与本·法因（Milonakis and Fine 2009）以及迈克尔·佩雷尔曼（Perelman 2006：21—50）。

[2] 该书的最新版本是 2009 年与威廉·诺德豪斯共同撰写的，该版本保留了这一定义，强调了资源的稀缺性，并做了很小的改动（Samuelson and Nordhaus 2009：20）。

如果资源是无限的，那么生产什么、如何生产以及为谁生产都不会成为问题。如果能够无限量地生产每一种物品，或者如果人类的需要能够完全得到满足，那么即使某种特定的物品生产过多也无关紧要。同样，劳动与原料的结合是否恰当，也成了不重要的事情。既然每个人都能随心所欲地得到自己想要的，物品与收入在不同的个人与家庭之间如何分配的问题也就不重要了。在这种情况下，就不会有经济物品（economic goods），也就是说，没有任何相对稀缺的物品，那么也就没什么必要进行经济学或"节约"的研究了。一切物品都是自由取用的物品（free goods），就像纯净的空气原先那样。（Samuelson 1976：18）

简而言之，稀缺的状况是经济学的存在理由。而我们从萨缪尔森的入门书中学不到，却能从最近的历史中得知的是，经济学本身一直通过现有的共同资源、"自由取用的物品"和公共服务的进一步私有化提供意识形态弹药，来推动稀缺状况扩展至尽可能多的社会领域。这也意味着经济学创造性地扩展了自身的能力领域并巩固了存在的理由。不过，我们的确从中学到了两件事：第一，富裕与稀缺之间可能存在着邪恶的联系；第二，我们几乎没有希望克服稀缺的状况。萨缪尔森的自然主义现实主义的经济学版本要求他的同胞们拥抱稀缺性的法则，接受无论美国是否"成为一个富裕的社会，经济学仍然必须与作为基本生活事实的稀缺作斗争"的情况，因为

如果普通美国人的生活要达到一个中等富裕的医生、律师、教授或广告人的生活水平，更不用说真正的富裕者的生

活水平的话，那么我们的总产品将必须比现在多出许多倍。
（Samuelson 1976：19）

从另一位诺贝尔经济学奖获得者的入门书中可以看出，这绝不是一个过时的观点。保罗·克鲁格曼在与人合著的《经济学》（*Economics*，2009）中重申了这一重要立场，也就是说"作为基本生活事实的稀缺"的范式在今天的经济思想中依然存在。该书的叙述尤其强烈地诉诸我们的常识。"你不能总是得到你想要的东西"，这是它为了将"个人选择"确立为"经济学的核心"而说的俏皮话。"为什么个人必须做出选择？"对这个问题的回答与实证主义现实主义所能提供的答案一样既浮夸又简单："最终的原因在于资源是稀缺的。"那么，又是什么使资源成为稀缺的（即经济的）资源？"当资源不足以满足社会想要使用它的各种方式时，资源就变得稀缺了。"经济学的微观经济前提最终却有一个精确的宏观经济的对应物："正如个人必须做出选择。"该书断言，"资源的稀缺意味着整个社会必须做出选择"（Krugman and Wells 2009：6）。

当然，稀缺这个现代惯用语有着悠久而曲折的传统。例如，它早期曾作为"人口过剩"出现在托马斯·马尔萨斯（Thomas Malthus）的《人口原理》（*Essay on the Principle of Population*，1798）中，至于那些普遍持有如海纳·穆勒所说的"对每个人来说都不够"（there is not enough for all，Für alle reicht es nicht）（Kluge and Müller 1996：85）的看法的民族社会主义者，他们对它也是不陌生的。但这是另一个故事。

将经济学定义为稀缺性的科学，掩盖了所谓的"稀缺性"其实是一个彻头彻尾的现代现象这个事实。它既不是一个超越历史的人类困境，也不是我们时代的偶然特征，而是"美妙无比的机器"的

53

必要输出。这种稀缺性是资本主义社会再生产模式所特有的。[1]决定一种资源是否属于经济资源或者说稀缺资源的首要标准是它的盈利能力。一种资源能在多大程度上成为经济资源也是根据盈利能力的标准来衡量的。"资源是任何可以用来生产出其他东西的东西"（Krugman and Wells 2009：6）；这个令人安心的永恒声明意味着在资本主义市场竞争的现实条件下，资源一般只能用于生产其他东西，如果在这个过程中可以获得金钱利润的话。因此经济资源就是资本，而资本按照定义就是稀缺的。在资本积累的强迫性增长体制下，资本永远是缺乏的。另一面也显而易见：从资本积累的角度来看，所有的人力和社会资源都必须转化为经济（即有利可图）的资源，这也就意味着会使它们变得稀缺。这导致了众所周知的后果，就是当它们充足的时候，现成的生产性资源和能力不能得到利用，因为它们只有在"竞争"的条件下才能被使用。也就是说，它们必须保持稀缺，而这只有在这些资源和能力的使用手段和条件被垄断且并非所有人都可以获得的情况下才有可能。因此，现代稀缺就像我们在第一章中讲到的现代贫困一样，是资本主义的增长动力的必然结果，而经济学所采用的自然化常识的方法及其非历史的概念工具很好地掩盖了这种相关性（这种相关性的详细实验证据详见：

54

---

[1] 伴随着第一次工业革命而出现的普遍的经济困顿以及随后的大规模贫困——从那以后从未消失过——无法参照人类文明史的"永恒特征"来理解。它们随新的生产方式的出现而出现并传播开，而后者也缓慢而确定地渗透到生活的各个方面。历史学家汉斯-乌尔里希·韦勒指出，19世纪早期已经有人非常清楚地认识到这种贫困是一种新的现象（Wehler 2005：283ff；参见 Thompson 2013：207—32）。在这种背景下，对卢德派作为机器的盲目破坏者这一历史上不合理的形象的修正姗姗来迟。卢德派的历史意义在于，他们抵制了被变成双重自由（免费）的工资劳动者的可疑荣誉。他们无法看到人类历史上最难以理解的社会经济形态之外的情况，因此他们的立场仍然是防御性的，这几乎不能作为历史上有罪判定的证据。相比之下，19世纪末和20世纪的工人运动将自豪地接受工人的地位，甚至在意识形态上把它转化为未来工作社会的种子，在这个社会里，不工作者不得食。

Reinert 2007；Datta 2013；Leech 2014)。

在这个语境下不应该被忽视的还有稀缺性话语的另一个方面。罗宾斯已经阐明了经济学家研究"如何处置稀缺资源"的真正目的："他所感兴趣的是，不同物品不同程度的稀缺性如何导致它们之间不同的估值比率"（Robbins 1932：15）。对稀缺性加以强调的理论要点当然是：为确定商品价值的问题寻找一个新的、"新古典主义"的答案，这个答案现在被固定在欲望经济中，这也就意味着它被牢牢地嵌入"人的本性"的范式当中。商品价值的任何客观决定——这仍然是亚当·斯密和大卫·李嘉图的古典政治经济学的核心抱负——的最后痕迹因此被新古典经济学抹除干净。经济价值不仅只剩下在商品和资产的价格中的经验性表现，现在它已经沦落为完全取决于个人主观感受的东西。

7. 最后但并非最不重要的是，作为一个认识论的、求知型的主体，经济人受到"主观性"的困扰。因为总是面临为世界提供了不可靠知识的危险，所以他不断需要客观性。在整个现代历史中，人们已做出巨大努力，试图消除或至少减少人类的主观性可能对我们的知识及其产生程序造成的扭曲。

不过，虽然客观性和科学方法被看作正确知识强有力的守护者，但所谓的客观看待事物的意思在过去两百年间发生了巨大的变化。这些变化的痕迹仍然可以在"客观"一词的当今用法中看到，其中的混乱既无可救药又显而易见。譬如，我们可以从对客观现实的最终结构的本体论断言，轻轻松松地转到对客观真理的认识论主张，关于哪些客观方法能确保研究结果的有效性的争论，以及对真正的学术精神（自我疏远、超然、公正、谦逊，或者简单地说：作为道德命令的客观性）的宣言。我们的客观性概念是许多种本质上截然不同的意义的混合，它指向各不相同的、相互冲突的历史，这些历史反过来又涉及不同的知识传统、文化实践以及起源的社会背景，在其中客观性的各种形象和典范获得了各自的意义（参见：Daston and Galison 2007：1—55；Megill 1994）。

55　　　从这段冲突的历史中，"客观性"作为对社会现实的一种无所不包的视角最终胜利，它转移和放大了社会统治的作用。对客观性的呼吁调用了一种行为准则，这种行为准则对知识创造的实践，尤其是学术机构的知识创造实践加以规范，而且它不允许那些无法证明自身具备适当客观性的立场存在。正是在这个基础上，经济人的科学声称自己拥有普遍有效的真理。它回避了利益冲突的问题，承诺均衡、稳定与和谐。在这种话语的范围内，抵抗是不可能的，因为它否定了人们发表言论时可以持有的任何其他立场。如果试图对"稀缺性""效率"或"增长"，甚至那个"定义了世界如何运转的关键性功能结构"（Greenspan 2008）等基本主张提出质疑的话，它们都违背了知识本身的客观性，也就意味着违背了知识的普遍传播性。

"如此美妙的机器"

　　从一开始，自由主义意识形态一直在兜售市场是理性、自我调节和自我稳定的体系这一概念，声称市场价格机制确保了供需的平衡，以及在物品的分配、服务的提供和资源的配置等方面的效率与公平。这一主张无疑是在为资本主义至今仍然是一种"优越"的社会制度提供论据。

　　在《国富论》一书中，亚当·斯密用了一个最著名的比喻来表达这种市场观点。[1]"在一只看不见的手的引导下"，市场体制保证

---

[1]　关于亚当·斯密著名的"看不见的手"这个主题的曲折历史和争议，参见以下学者的研究：乔纳森·B. 怀特（Wight 2007）、沃伦·萨缪尔斯（Samuels 2011）和加文·肯尼迪（Kennedy 2009）。

个人的私利不由自主地联合起来，服务于促进公共利益（A. Smith 1776：291f.）。市场有趋向均衡的冲动，这与牛顿的万有引力定律类似，是社会宇宙的自然法则。可以说，市场憎恶不平衡。

在斯密的《道德情操论》中，我们发现了"看不见的手"主题的另一个著名的变体。应该把这篇文章当作一个整体来解读，因为它揭示了从一开始就与自由市场意识形态的"看不见的手"连在一起的手臂。

> 既骄傲又无情的地主眺望着自己的大片土地，并没有想到自己同胞们的需要，而只想独自消费从土地上得到的一切收获物，但这是毫无意义的。"眼睛比肚子大"，这句朴实而又通俗的谚语，用在他身上最为合适。他的胃容量同无底的欲壑不相适应，它能容纳的东西绝不会超过一个最普通的农民的胃。他不得不把自己所消费不了的东西分给用最好的方法来烹制他自己享用的那点东西的人，分给建造了宫殿使他有地方消费自己那一小部分收成的人，分给提供和整理显贵们所使用的各种不同的小玩意和小摆设的人。就这样，所有这些人由于他生活奢侈和具有怪癖而分得生活必需品，如果他们期待他的仁慈或公平，是不可能得到这些东西的。
>
> 土地的产品所供养的人数始终接近于它所能供养的居民的数量。富人只是从这大量的产品中选用了最贵重和最中意的东西。他们所能消费的并不比穷人多多少；尽管他们的天性是自私的和贪婪的，尽管他们只图自己方便，尽管他们雇用成千上万人来为自己劳动，唯一的目的就是满足自己的虚荣和永无止境的欲望，但是他们还是同穷人一起分享他们所做一切改良的成果。一只看不见的手引导他们对生活必需品做出几乎同土地在平均分配给全体居民的情况下所能做出的一样的分配，并且

56

因此不知不觉地增进了社会利益，并为不断增多的人口提供生
活资料。

当神把土地分给少数高傲的主人时，他既没有忘记也没有
遗弃那些在这种分配中似乎被忽略了的人。后者也享用着他们
在全部土地产品中所占有的份额。在构成人类生活的真正幸福
之中，他们无论在哪方面都不比看起来高高在上的那些人逊
色。在肉体的舒适和心灵的平静上，所有不同阶层的人几乎处
于一个水平，一个在大路旁晒太阳的乞丐也享有国王们正在为
之战斗的那种安全。(A. Smith 1759：165；分段以及重点为本
书作者所加)[1]

尽管在过去250年里发生了很大的变化，自由市场意识形态的
原则仍然相当稳定。当然，在现代历史的现实中，只要是在社会像
市场一般被组织起来、人类被征召为经济人（ homines economici ）
的地方，占据主导位置的都是不稳定、不平衡、不安全，以及伴随
57   而来的存在的焦虑和严重的恐惧。厌世主义认为，只有激励与威胁
相结合的制度才能防止社会堕落到野蛮状态，这种观念一直是并将
继续是一种自私自利与自我应验的预言。尽管有其特殊性，当前的
危机仍然是这方面一个显著的例子。

在这种压倒一切的传统的背景下，经济危机却不能归因于这样
的制度本身，很令人惊讶吧？难道危机的原因必须从外部因素上寻
找，譬如有缺陷的经济政策或人的本性？我们被困在一场枯燥无味
的辩论中，在两种立场之间摇摆不定，一方面是"太多的国家"，
另一方面是"太多的市场"，两者"都乐于看到如此美妙和宏伟的
体系臻于完善"（ A. Smith 1759：166 ）。

---

[1] 译文参考斯密：《道德情操论》，谢宗林译，中央编译出版社2008年版。——
译注

　　艾伦·格林斯潘只有一次没能超越这一俗套。在 2008 年 10 月的国会听证会上，他承认在自己的经济哲学里发现了一个"缺陷"，而他尚未能够评估出这一缺陷的重要性（Greenspan 2008）。但是 5 年过去了，格林斯潘并没有走得更远。2013 年秋天他出版了《地图与疆域》（*The Map and the Territory*：*Risk*，*Human Nature*，*and the Future of Forecasting*）[1] 一书，旨在弄清楚"我们怎么能错得这么离谱，以及从我们做过的这些事情中能够学到些什么"（Greenspan 2013：2），该书再一次确认了他在危机爆发之前的观点，而如果一定要说有什么不一样的话，那就是他把它进一步激进化了。

　　正如副标题"风险、人性和预测的未来"所暗示的那样，格林斯潘对人性的真实进行了进一步的探究。不得不说，这几乎是徒劳无功。他利用行为经济学来支撑自己对"我们物种先天的自我中心本性"的信念，结果发现"商业周期的动态"在很大程度上是"受心理因素驱动的"，因此把当前的危机归咎于经济行为者最终无法控制的"动物精神"，主要的犯罪嫌疑人是"恐惧""兴奋"和"从众行为"（Greenspan 2013：13ff.，26，292，353）。

　　不足为奇的是，格林斯潘还坚持着他对自由市场及其敌人的标志性信念。如果美国要保持其在全球经济的主导地位，他建议"解除市场管制，它将显示出强大的经济恢复能力"，同时强调"有必要卸下大规模新金融管制的沉重负担，这种管制正越来越适得其反"（Greenspan 2013：250，300）。格林斯潘坚定不移地相信，政府的干预将是克服当前经济困境的主要障碍，这个信念可以说是《地图与疆域》的主要内容。福利国家尤其对美国构成致命威胁，因为社会福利法案项目的"不断增加"是"我们现在正在经历的财政

[1]　中文译本为：《动荡的世界——风险、人性与未来的前景》，余江译，中信出版
　　社 2014 年版。出自该书的引文的翻译参考了这个译本。——译注

混乱"的历史根源（Greenspan 2013：293f.）。格林斯潘在执掌美联
储的 18 年里取得了许多成功，包括解除对信贷行业的管制，以及
废除了将投资银行与零售银行分开的《格拉斯–斯蒂格尔法案》（the
Glass-Steagall Act）。他确实重视和坚持自由社会的理想，在这样的
社会"政府除了以法律环境来保证政治自由之外没有其他任何作
用"（Greenspan 2013：260）。

　　当然，国家从未休假，无论是在历史上，还是在过去 35 年的
新自由主义霸权时期。从历史上看，早期现代的专制政权在建立
资本主义市场（包括"劳动力市场"）以及确立货币关系的社会支
配地位方面发挥了至关重要的作用。而新自由主义就是关于"自
由"和"开放"的市场，这一观念是资本主义神话叙事的重要组
成部分。我们只需要回顾一下保罗·沃尔克（Paul Volcker）领
导的美联储的货币政策：20 世纪 70 年代末和 80 年代初，美国利
率上调到 20%，从而造成了一场严重的经济衰退，吓退了工人运
动，并迫使世界上的债务国加入国际货币基金组织（IMF）的怀
抱；或者我们也可以回想一下玛格丽特·撒切尔和罗纳德·里根
在整个 20 世纪 80 年代所发起、之后由他们的继任者继续推行的
解除管制政策。自 20 世纪 80 年代以来，新保守主义政策在全球
大部分地区推行，资本主义国家在其中发挥了关键作用。事实上，
正如美国政治学家塞缪尔·亨廷顿在《文明的冲突》（*The Clash of
Civilizations*）中坦承的那样，"西方赢得世界不是通过其思想、价
值观或者宗教的优越性，而是通过它们运用有组织的暴力方面的优
势。西方人经常忘记这个事实，非西方人却从未忘记"（Huntington
1996：51）。

　　新自由主义的"解除管制"不是政府的缺席，而是其最暴力的
表现之一。它使商业公司成为政府的模型（详见 Dardot and Laval
2009）。另一方面，今天的新国家主义修辞通过家长式和威权式的

手段，既规训了贫困人口，又安抚了他们。这些手段包括经济政策和社会政策，它们旨在为资本主义危机提供利维坦式的解决方案，这不禁让人想起20世纪两次世界大战期间针对"经典现代性危机"所派发的药物（从"紧缩"和迅速侵蚀仅存的民主程序与法治，到实行恐怖主义独裁统治）。但有一个重要的例外：今天，大型企业自己也在争夺公共空间的支配权，并由此掩盖我们对公共空间的集体记忆（详见 Crouch 2011），从而建立起一个后现代军阀政权，在这个政权中，结构性暴力正日益被直接的统治关系所取代。新自由主义是为了实现这一目标而发展起来的学说和政府实践的名称。它不是凯恩斯主义国家的解毒剂，而是它在21世纪的充分体现。

不过，关于这个方面，只有艾伦·格林斯潘才能给出结论。回顾历史以及最近所发生的事件之后，他确信

> 现代工业资本主义……一直是有史以来最有效的经济组织形式……但其核心是创造性破坏，将同时产生赢家和输家。如果我们希望不断提高生产力和生活水平，就必须用体现前沿技术的设备取代过时的低生产率设备。这是很简单的算术。然而在这样的替代过程中，有相当多失去工作甚至无家可归的人（作为我们劳动力的重要组成部分）将遭遇不可避免的痛苦。（Greenspan 2013：299f.）

59

遗憾的是，人们无法"消除因创造性破坏而在市场中受到伤害的人所经历的痛苦"（Greenspan 2013：255）。但话说回来，正如我们从古典经济学和新古典经济学中所学到的那样，"在自由竞争的市场中，所有参与者在联合生产过程中所获得的收入反映了他们各自对国民生产净值的产出的边际贡献"（Greenspan 2013：259）。在

一天结束时，我们必须做出选择。如果我们希望生活在一个"基于个体公民自力更生"的自由社会中，我们就必须接受"市场调节"中存在"适者生存"的一面。无论我们以何种方式看待它，"我们无法改变这个事实，就像无法改变其根源——人性——一样"（Greenspan 2013：259f.）。

关于快速增长的经济自动化问题，我们在第一章中讨论过，格林斯潘在思考这个问题时无疑处于最佳状态。他简洁地回应："美国可能会继续失去制造业的工作岗位，但不会失去制造业。"这一战略愿景建立在以下经验之上："机器人的使用越来越重要。"它提供了一个重要的机会来"维持生产水平"，同时"大幅精简为保证产出所需的人工小时数"（Greenspan 2013：363，166）。可以肯定的是，"在1983至2006年经济活动持续扩张期间……许多人不愿意进行成本节约型投资，部分原因在于……成本节约型投资……将导致裁员，这是一件令人讨厌的事"。幸运的是，这种令人遗憾的态度在"2008年危机之后"发生了变化，那时"不再有解雇工人的顾虑。这些投资得到的回报是利润率的大幅增长"（Greenspan 2013：145）。展望未来，格林斯潘高兴地问自己：

> 由于……人类的智商有明显的上限，我们是否命中注定将依靠越来越少量的劳动力来操作越来越复杂的高科技设备和软件？即使把人口增长的因素考虑进来，我们是否依然会面临这样的结局，即只需要极少数超级聪明的人来创造和运用越来越先进的技术？（Greenspan 2013：296）

但格林斯潘并没有走得太远。从他自己的轨迹来看，他知道凡事都得适时而为。因此，他暂时得出的结论是：

60

　　我们今后的首要任务是修复破碎的政治体制。除此之外，对于已经遭受严重扭曲的经济，没有可行的长期解决方案。……幸运的是，现代社会已最终抛弃了一个世纪或更久以前非常盛行但并不成功的多种社会主义经济模式。但我们仍需意识到，福利国家制度如果不受控制，也会带来类似的麻烦……像我们这样的民主社会要求我们广泛而坚定地遵守一系列不容妥协的原则。（Greenspan 2013：302）

　　《地图与疆域》所描绘的美丽新世界向我们展示了一个非常明确和自信的前景：新自由主义将把我们带往 21 世纪的隔离制度。

　　如果我们透过拉康的棱镜来回顾本章，我们可以发现大学话语的历史性崛起，其中工具性知识开始主宰真理（Truth），而对方法论的公正性和自我约束的指令则起到掩盖主人（Master）功能的作用。而本章的第二部分预见了大学话语与资本主义话语之间的联系。在接下来的两章中，我们希望通过制定一个危机本体论的大纲，并结合对工作的批判，更深入地研究这些联系。

第三章　危机本体论

　　瓦尔特·本雅明有句名言，他警告人们不要轻易认可这场"我们称之为进步的风暴"，因为在他看来，革命其实是制动而不是加速历史的火车头："马克思说，革命是世界历史的火车头。但情况也许恰好相反。也许革命是这列火车上的乘客——即人类——拉动紧急刹车的尝试。"[1]这个典型的本雅明式形象，描述了连续历史过程的中断，表达了从"进步风暴"中抽离的绝望冲动，为本章讨论危机的本体论问题提供了一个合适的起点。

　　为了弄清楚与当代资本主义危机相互交织的否定本体论的确切含义，首先让我们简要了解一下斯拉沃热·齐泽克对从康德到黑格尔的德国唯心主义的解读（尤其参见 Žižek 1993）。无论是否充分发挥了政治潜能，这一解读都是"危机本体论"的开创性宣言，这是它最主要的特征。正如每一个齐泽克的读者都知道的，齐泽克从德国唯心主义中发展而来的否定本体论与他对雅克·拉康精神分析理论的解读相互交叉，产生了一系列"辩证法的重叠"（dialectical overlaps），从而证明他的哲学方法可被定义为黑格尔-拉康式的方法论。接着第二步，我们将检查拉康的能指理论。对拉康而言，

---

[1]　这是本雅明《历史哲学论纲》中《论历史概念》的一条备注（Benjamin 2003：402）。斯拉沃热·齐泽克提出了"火车主题"的一个变体，他打趣称俚语"隧道尽头的光"可能是来自撞向我们的火车"（Žižek 2008a：6）。

能指被紧紧锚定在"欠缺（lack）的第一性"，或者，用他自己在1964 年的说法，"欠缺的结构性功能"（Lacan 1998a：29）当中。我们的目的是从讨论中推断出一种本体论，它不再把存在的先验肯定性作为决定其可能性的条件，并由此验证自身的价值，而是承认否定性的辩证角色是获取和潜在地重新配置现实本身的符号性结构的唯一模式。在本章的最后部分，我们将考察拉康的形式化话语理论，目的是将它的社会批判性与对当前资本主义危机的解读联系起来，力图找出危机背后被否认的原因。

斯拉沃热·齐泽克与德国唯心主义的本体论"裂缝"

在齐泽克的黑格尔主义中，危机成了一个辩证的"结"，它同时体现了启蒙运动所鼓吹、康德的意识哲学所批判的理性观念的失败与胜利。现代理性的暧昧性最充分地体现在康德的"哥白尼式转向"[1] 所隐含的以下主张中：主体对人类的心灵无法掌握其本质（"物自体"）之事物的觉察（awareness），才使得现实能够为意识（consciousness）所接近。康德试图从认识对象的角度证明人类认识的自主性，得到的最终结果是，我们的认知局限性是知识本身得以可能的条件。简而言之，我们之所以能够"认识事物"，是因为客观现实中的某些东西是我们无法触及的。尽管康德旨在对思想范畴进行系统的排序，齐泽克却因此认为他第一个偶然发现欠缺具有本体论的地位，即欠缺绝对界定了我们在这个世界上的存在。不过，齐泽克最重要的拉康式观点是，在康德理论中，真正的"生成性"置换在于他更关注自我意识（由笛卡儿"我思"所开创的领域），而不是主体对客观现实的意识问题。齐泽克考察了康德的自我意识

[1]　这里指的是康德在《纯粹理性批判》第二版序言中的著名段落，在其中他假设是对象依从并符合我们的知识（而不是反过来），这类似于哥白尼关于地球围绕"天体"转动的革命性假设。

62

如何最终与"先验感知的我"一致，而先验感知是一种以我们可称为"自我无知（self-ignorance）的必要性"为特征的感知形式：

> （康德）自我意识的悖论是，它只有在自身的不可能性的背景下才有可能：只有当我无法企及作为存在的真实内核的我自身时，我才意识到我自身……自我意识的观念暗含着主体的自我去中心化，这一点比主客体之间的对立激进得多。这就是康德形而上学理论的最终指向：形而上学试图通过在"伟大的存在链"中为主体分配一个位置来治愈"原初压抑"（"能思考的物"之不可接近）所造成的创伤。形而上学没有注意到的是这种分配所要付出的代价：它试图对其加以解释的一种能力，即人的自由的丧失。（Žižek 1993：14—15）

63

齐泽克认为形而上学企图"治愈那个被称为主体的伤口"，他对这一诡计如何在主体性形成过程中发挥作用进行了既简单又至关重要的考察，在此基础上进行批判。在他看来，形而上学借助主体在自我分裂过程中所遭遇的原初压抑，制造了一种存在着完全透明的自我意识的幻觉，从而回溯地创造了其可能性的条件。康德力图构建一个以自我意识为基础的无懈可击的知识体系，结果侵入了主体的不一致性领域，后者的彻底排斥是该体系围绕其运转的中枢。由于这个原因，齐泽克将康德定义为第一个后形而上学的哲学家："裂缝"的压抑使形而上学得以证实自己，而康德第一个发现了这道"裂缝"，尽管这是他在不经意间发现的。然而，康德对这个缺口的洞察并没能阻止他坚持不懈地寻求闭合（closure）。纯粹理性的二律背反尽管是一个"丑闻"（Žižek 2012：740），实际上却将本体论的缺口指定给认识论的领域。由于未能充分思考自我意识是如何建立在自我无知的基础上，康德的全部道德（或实践）哲学和审美哲学都发挥着一种"防御机制"的作用，与《纯粹理性批判》中勾勒的主体性所具有的爆发性的、真正激进的维度相对抗（参见 Žižek 1997: 227）。因此，我的"我自身的欠缺"（lack to myself）（即断裂，从字面上讲，它被原初压抑从而构成了我的身份认同）变成了一种认识论的僵局，这个操作使康德能够将人类的理性从其形而上学的基础上剥离出来。然而，正如马丁·海德格尔所发现的，这种试图使理性反身性地为其判断做出证明而不是坚持基本原则的做法，有可能将理性抽象为一种具体化的意识统一体，它将自己与存在分离开来（Heidegger 1997）。正因为选择忽略它的预设，康德的理性成为一种自主的调解工具，它的任务就是根据自身拥有的、超验地现实化的意识范畴来综合解释客观现象。因此，康德的作为自足的知识之源的主体，试图摆脱形而上学，却因此重新确认了自身对知识的总体性加以反映这项形而上学的任务，这个总体性既被理性的形式僵局所限制又由它所维持。

在齐泽克看来，对康德关于形而上学内部裂缝的直觉予以全力支持的哲学家当然是黑格尔了。康德在不知不觉中为欠缺的本体论"打开了大门"，黑格尔则跨进了这扇门。因此，黑格尔最重要的成就是将康德的认识论视角转换为本体论视角。他通过宣称主观认识的不一致性和局限性同时也是认识对象的不一致性，来实现这个转换（参见 Žižek 2012: 149）[1]。这个主张包含着辩证的含义，即主体与实质内部的"绝境"（the aporia）是一致的："我们的任务是思考主体是如何从实质的自我分裂中产生或形成的：主体……从实质的自我堵塞中，从实质想要宣称自己是太一（One）的不可能性中产生出来"（Žižek 2012: 707—8）。在这里，我们应该强调在主体性

----

[1]　齐泽克也声称这个过渡 passage 是黑格尔自我发展的一部分，因为正是在黑格尔意识到逻辑（对作为本体论分析方法的概念的研究）与形而上学（对现实的本体论结构的研究）之间的区别是后者内在固有的属性那一刻，"黑格尔成为黑格尔"："逻辑已经是形而上学：看起来是对掌握大写物所需工具的介绍性分析已经是大写物本身了。"（Žižek 2012: 49）

的超验施为功能中存在着与之相适应的根本的暧昧性：主体对"实质的自我堵塞"的每一次必要的干预都等同于一种"强制的姿态"，最终证实了主体本身的偶然性。意义、知识和力量"仅仅"是主体无能的另一面而已。因此，黑格尔的思辨唯心主义，绝不是确认了思想的终极自由与自治是"创造现实"的中介，也就是说，它根本没有得出辩证过程的最终结果是观念、绝对精神战胜了客体这样的结论；恰恰相反，在齐泽克的解读中，它断言现实的每一次有意义的具体化都建立在一个否定的基础之上，这个基础是本体论的，同时既是主观又是客观的。[1]主体的姿态决定了外在现实的认识论特征，与之相一致的是现实的有限的物质性，超出这一点，一点不夸张地说，什么都没有。正如齐泽克在他的大部分著作中所声称的，黑格尔将康德激进化，所产生的政治意义是前所未有的，因为对欠缺的本体论地位的承认是任何激进的政治干预的必要条件：对任何政治方案来说至关重要的因素是"毫无根据的"主观决断主义（subjective decisionism），它反映了如下事实：主体就是结构中的缺

65　口。[2]撇开针对齐泽克理论的政治维度的争议不说，我们在这里强

---

[1]　从齐泽克的角度看，康德和黑格尔之间的区别相当于早期德里达（主张"异延"[différance]时期的德里达）和后期德里达（"康德化"了的德里达）之间的区别（参见 Žižek 2007a）。关于德里达和齐泽克的否定性问题，吴建亨进行了相当出色的研究（参见 Wu 2009）。

[2]　建立在没有根据的、偶然的"行为"基础上的决断主义是齐泽克政治理论中最有争议的问题之一。杰恩·斯文尼松认为："齐泽克的措辞……与施密特、海德格尔和弗里德里希·戈加登的决断主义倾向非常接近，这是很危险的"，因为问题在于悲观地接受了真理的唯一基础是"面对虚无时果断地做出决定"（Svenungsson 2010）。持相同观点的还有其他人（例如参见 Boucher 2008：165—230）。虽然这种批判的立场被广泛接受，但它似乎回避了"回溯性"（retroactivity）的复杂的辩证法，而齐泽克的"决断主义"正是建立在"回溯性"的基础之上。在《论齐泽克的辩证法》中，法比奥·维吉提出齐泽克主体理论所具有的变革潜能的问题，认为这种潜能来源于他对彻底离心的主体性这个拉康式原理的信赖，同时提议：行为的"精神病"维度，作为从理论通往实践的桥梁，应该重新被定义为思想内部一个极具创造性的步骤（参见 Vighi 2010，特别是第 153—64 页）。

调的是从他对德国唯心主义的解读中产生的辩证本体论以及其核心观点：只有通过对构成了存在的无法抹除的对抗加以干预，现实才能从心灵的超验综合活动中产生出来。这一章所思考的正是这一既辩证又否定的本体论。

一个能指消失了：拉康的欠缺概念

值得注意的是，虽然根据定义现代性一向被视为"处于危机当中"，但历史上这种意识往往被克服危机的积极愿景或态度所抵消。举一个明显的例子，资本主义的本质就是"利用"（capitalize on）危机，把危机变成重申自身逻辑的机会。虽然资本主义扩张的内在运动（"从危机到危机"）证明了危机是可能性的条件，但这种说法似乎也适用于被视为进步或革命的概念框架。譬如说，我们可以想一想，在马克思那里，阶级斗争如何被未来的共产主义无阶级社会所取代；或者，弗洛伊德的对抗如何被限制在精神的领域，而并不一定对外在现实的构成产生影响。即使在以后现代反基础主义（anti-foundationalist）的怀疑主义为特征甚至以虚无主义为特征的现代性中，真正的困难仍然是将危机理解为本体论的，同时又不落入我们可称之为"对失落了的原因的自恋"的陷阱，这个标签至少代表了自阿多诺和霍克海默以来大部分批判理论和所谓的激进左派。

在 20 世纪，相比于其他的思想家，雅克·拉康可以说提出了一个更加一致的理论框架，将其呈现为本体论的，尤其是在他的"快感的真实界"（the Real of jouissance）概念中。在教学生涯的后期，特别是从第十一期研讨班开始，拉康坚定地主张真实界作为构成性的创伤是与欠缺并存的（参见 Lacan 1998a）。从那时起，拉康的存在与语言一致的观点变得更加激进，目的是提出一种以真实

界为核心的形式化话语理论。简而言之，对拉康而言，人类被一种
本体论层次的危机所包围，因为"缺少了一个能指"，而这一欠缺
最终由快感的真实界来体现。[1]当拉康试图通过在不同的话语中展
示其功能从而对真实界加以历史化时，他同时也重申了真实界的本
体论特征。话语的每一个社会历史决定，归根结底，都可以还原为
它所起源的真实界。

　　拉康的主人能指（master-signifier，signifiant-maître）的概念将
帮助我们详细阐明上述主张，正如我们即将看到的，它是拉康话语
理论的关键词之一。拉康发展了索绪尔关于能指和所指相互依赖的
理论，声称能指（给定符号的心理图像或音韵元素）优于所指（符
号的概念元素）（Lacan 1997；2006a：412—41）。简而言之，这意味
着意义产生于能指之间可能无穷无尽的相互作用，而不是它们的独
立存在。正是由于这个原因，我们需要主人能指，也就是一些特殊
的词语、表述或姿势，由于它们能够体现表意过程中这个本体论的
欠缺，并且悖论式地设法去"堵住（意义的）漏洞"，从而产生一
种（不可或缺的）幻觉，以为现实是清晰的，足够连贯一致因而可
以让我们参与其中：

　　　　最初，能指被认为与意义不同。它的特点是本身并不具有
　　字面的含义。那么，试着想象一下，一个纯粹的能指可能是什么
　　样的。当然，我们肯定想象不出来。然而，既然我们问自己关于
　　起源的问题，我们就必须努力接近这种做法可能代表的东西。
　　我们的经验使我们不断感受到这些基本的能指的存在，没有它

---

[1]　这种否定本体论不是对否定神学的肯定，两者不应该互相混淆。否定神学支持
　　了吉尔·德勒兹众所周知的主张，即精神分析除了教导人们要"无限顺从"之
　　外别无他，因为"他们（精神分析师）是最后的牧师"（Deleuze and Parnet
　　1987：82）。

们，人类的意义秩序将无法建立。（Lacan 1997：199—200）

由于能指倾向于无休止地滑动，如果要产生意义，表意链就必须暂停，而进行这种"绗缝"（quilting）操作正是主人能指所扮演的重要角色。当一个主人能指介入时，它回溯性地组织起一连串"漂浮"的能指，将它们的构成性的语义含混（其转喻性的滑动）固定为看似稳定的意义。

我们应该强调的是，主人能指的效力是由纯粹的形式转换所决定的：一个普通的词，或者一个无意义的词，突然间充满了非凡的情感力量。例如，在广告中，主人能指因其纯粹的无意义而"起作用"的例子比比皆是。"可乐"这个能指就是表意过程的一个空的中心，围绕着它被集结起来的是一系列本质上与美国生活方式的"清凉/酷"（coolness）有关的意义，这种生活方式已经与"可乐"联系在一起。在政治上，诸如"民主""自由""国家""正义""战争"等等漂浮的能指，根据是哪些主人能指回溯性地"固定"了它们而获得不同的意义：例如，当主人能指是"社会主义"时，它们所获得的意义肯定与主人能指是"自由主义"的情况不同。

主人能指还有一个基本的绑定作用，它承担了一项至关重要的辩证功能，具体来说就是它实现了主体和客体的重叠，从而允许主观性与客观性同时出现。从本质上讲，这意味着它绗缝或者说缝合了存在的本体论层面的不完整性：我们的主观身份的形成取决于具有"客观异质"的物质性（字母的物质性）的能指的居中调解；与此同时，这一调解形成了现实，其框架必然是虚构、虚幻、幻想的（也就是说，现实总是已经被超验地构成，或者说被调节）。因此才有了每一种身份从本质上讲都是二手的、反身性的这个我们熟悉的拉康式主题：根据定义，自我是绕道通过大他者而来的结果，因为我们从周围"可取用"的（父母、同龄人、社会等等）借来我们的

67

身份特征；与此同时，客观现实自我异化地接受了语言的中介作用，从而呈现在我们面前。

因此，拉康认为意义的产生依赖于语言的基本不一致性，而主人能指则是这一重要假设的集中体现。这一点可以通过参考"差异"一词流行的后现代用法来解释。正如拉康已经充分阐明了的，差异性（differentiality）（任何身份都是相比于其他身份的一系列差异的结果这一基本事实）总是已经是身份本身内在的、自我指涉的、构成性的部分。总而言之，差异性是本体论的，因为它通过跨越不同身份之间的一系列具体差异而属于存在本身。就拉康的能指理论而言，差异性意味着，虽然每个能指凭借自身与其他能指的不同而出现，但同时它也代表了自我关联的差异，也就是说它与内在固有的"自身的欠缺"形成了深刻的对抗关系。正如拉康在未发表的《第九期研讨班》(1961—1962，《认同》，1961 年 12 月 6 日的课）中所指出的那样："表意的差异与任何涉及质的区别的东西都不同……这样的能指意味着处于纯粹状态的差异"（参见 Lacan 2003）。因此，能指同时是某物（差异逻辑的结果）及其否定或矛盾。而主人能指所表示的正是一个明显"自我分化"的能指的逻辑，也就是说，这个能指的身份不是通过简单的差异性（或质的区别），而是通过自我指涉的反转建立起来的，因此看起来是外部限制的东西却作为内部的"意义的过剩"构成了它自身。由于这个原因，在主人能指中发挥作用的逻辑与前面提到的从认识论的局限性（差异性）到本体论的僵局（自我指涉的差异）的过渡是同源的。

我们现在可以理解为什么主人能指的功能会成为拉康的不完整性本体论的核心。与拉康的大多数范畴一样，它是以相当程度的自我无知为基础的：不可能充分理解为什么某个词突然开始作为整条表意链的催化剂起作用，就像某一个人对于是什么赋予了他或她主人能指的魅力完全无知一样。以哈尔·阿什比（Hal Ashby）的电影《富贵逼人来》(*Being There*,1979)中彼得·塞勒斯(Peter Sellers)所饰演的角色畅斯(Chance)为例。畅斯是一个头脑简单的园丁,他毕生致力于两件事:照料花园和看电视。有一天,他意外地被误认为是一位受过高等教育的商人昌西·加德纳(Chauncey Gardiner)(而非"园丁畅斯"[Chance the Gardener]),他关于园艺的简单至极的言论开始被阐释为关于美国和世界经济状况的凝练精辟的隐喻,以至美国总统最终也来寻求他的建议。像畅斯一样,在不知不觉中,主人能指使意义的欠缺(纯粹的偶然性)产生了(必然的)意义,将一系列漂浮的词语、符号和事件排列成线性的顺序。正如齐泽克所概括的:"主人能指指明了偶然性进入必然性的核心进行干预的点:必然性的建立是偶然行为的结果。"(Žižek 2012:424)我们在这里谈论的是欠缺的隐性生产力这个拉康式的传统主题。危机本身不仅仅是人类状况的内在因素,而且是人类可能性的条件,原因就在于它是本体论的,也就是说,它植根于存在当中,是存在的化身。我们的存在遭遇到"不可能"这个特征的深刻对抗,这种不可能性只能由一个"空的能指"来体现。如果不是因为这种对抗,就不会有社会这样的东西。在精确的康德意义上,我们是与我们的本体论局限性相遇的产物。

这又使我们回到拉康的辩证法上来。我们在其中安居和进行互动的所谓客观世界,是一场可以形容为"暗地里的"交易的结果,主体在主体性形成的某个不明确的时刻与"父性隐喻"(paternal metaphor)达成了这场交易。拉康在20世纪50年代末阐发了父性隐喻的概念,指出这个概念本质上指的是一个能指(即父姓[the Name-of-the-Father])的干预,它取代了主体对母爱的无条件要求,从而使意义得以形成。因此,主体在能指(语言)中的异化是我们进入有意义的宇宙所必须做出的"牺牲"。拉康将这种牺牲命名为"符号的阉割",只有通过阉割,我们才能从我们不协调的驱力

中为我们的社会性创造条件。拉康表明，主体性和客观性，作为我
们存在的核心范畴（这是就它们为知识和欲望的运作设定了时空条
件而言），是主体对内在于自身的根本的、棘手的对抗暗中进行干
预的产物。这种干预是"偷偷运走"对抗性的沉重负荷，正是这
个负荷定义了跨越将自我与世界区分开来的虚构边界的主体。而为
了成为一个能与"客观现实"建立起联系的"我"，主体需要将其
自身无法忍受的、构成性的对抗外化。通过这种排斥 / 驱逐（［ r ］
ejection），构成自我的缺口（康德的深渊般的自我意识）被悄悄地
转移到外部现实中，在那里，正如我们所看到的那样，它被主人能
指所"缝缝"了。

从主人能指到对象 a，然后返回

在这个阶段，我们需要引入我们所考察的第二个关键词，即对
象 a（objet a），拉康用它来指称神秘的、瞬息即逝的、迷人的欲望
的对象−原因（object-cause of desire）。这个奇特的对象可以说是拉
康理论中最具有原创性的概念。从我们的观点来看，关键是强调，
对象 a 以其迷人的存在掩盖了缺口，正是这一缺口的彻底否定性决
定了我们所居住的世界的幻象性形成，并使它至少具有最低程度的
意义，在这个方面对象 a 与主人能指并没有什么不同。隐藏在它引
人注目的外表之下的是一种双重的断裂："我们自身的欠缺"（lack-
to-ourselves）——我们总是已经是它，以及使客观现实在本体论层
次上不一致的"裂缝"。然而，尽管对象 a 作为欠缺的悖论式化身
与主人能指在形式上是同源的，但是它执行不同的功能。齐泽克指
出，两者之间的关键区别在于，主人能指发挥着缝缝的功能，它所
标示的是"能指落入所指的点"，而"对象 a 站在能指这一边，它
填补了能指的欠缺"（Žižek 2012: 599）。因此我们可以认为，相比

于主人能指，对象 a 与欠缺之间的关系更加明显，它代表了披在欠缺身上的一层"更薄的纱"。

这就引出了一个至关重要的问题，它既是本体论的问题，又是隐含的政治问题。虽然主人能指和对象都是掩盖/体现了本体论的、具有潜在爆炸性的欠缺的面具，但在讨论危机时，真正重要的是确定它们所代表的不在场（absence）是否真的会出现，并威胁到它们所栖居的符号性框架的基础；或者相反，它们是否应该被看作可被替代的"最小意义单位"，支持而不是反对符号界的意识形态结构。如果说对象 a 在形式上似乎更有助于辨认任何社会符号秩序在本体论层次上的不一致性，那么它同时也更适于被无耻地操纵，其结果是无休止地复制这种幻象性的诱惑，从而加强而不是破坏这种秩序。对象 a 的暧昧性恰恰在于在毁灭性的不一致与保守的诱惑之间无法确定的视差转换；而"虚无的阴影"（体现了主体欠缺的对象的空虚）贯穿其中，同时这种否定性也会不断被幻象的安抚作用所抵消。

伍迪·艾伦的电影《蓝色茉莉》（*Blue Jasmine*，2013）完美诠释了在灾难性事件的背景下幻象的保守角色。这部电影通过一系列闪回镜头，围绕着茉莉［凯特·布兰切特（Cate Blanchett）饰］展开叙述。茉莉曾是纽约的一位社交名媛，丈夫是富有而腐败的金融交易商哈尔［亚历克·鲍德温（Alec Baldwin）饰］。哈尔最终落得个在监狱中自杀的下场，茉莉则飞往旧金山，住进了被领养的工薪阶层的妹妹家。这个时候的茉莉很明显患上了严重的妄想症，因为她的言行举止就好像她仍然身处"百分之一"的上层社会一样。这时电影的转折点出现了，通过镜头的闪回，我们被告知哈尔的垮台是茉莉自己引发的。在发现了丈夫的诸多婚外情之后，茉莉要求他做出解释，但丈夫却说自己决定离开她去找他爱上的另一个女人。在失去理智的狂怒的支配下，茉莉打电话给美国联邦调查局，揭发了哈尔的欺诈性交易，导致他锒铛入狱。正是在这个叙述的点上，布兰切特所饰演的角色凸显出符号功能的复杂性和隐含的政治意义，远远超出了电影对阶级差异的刻板表现。电影对茉莉的背叛令人吃惊的揭露，是以一种独特的批判悲观主义形式为特征的：危机事件本身（在电影中具体表现为由茉莉的行为引发的哈尔的垮台）丝毫改变不了资本主义的幻象。电影有力地告诉我们，对这样一个充斥着由商品所带来的享乐的世界的梦想不会随着资本主义的崩溃而突然消失。在这个方面，茉莉是现代的美狄亚，她遭遇背叛、渴望复仇，却无法放弃自从与哈尔相遇以来塑造了她的身份的异化幻象。拉康所传达的信息很简单：通过大他者（即我们周围世界的符号/语言的"密度"，它由对象 a 所维持），我们获得了意义。因此，当一个世界经历一场危机时，不管它变得多么破碎，它仍能死里逃生，只要主体依然保持着投入其幻象构成当中的永无止境的欲望，正是这种幻象构成代表着这个世界的实质。与生物的死亡一样，系统性的崩溃往往被对幻象的投入所抵消。茉莉失去了她的世界的物质实质（金钱与地位），但仍然通过幻象依附于它，因此，幻象证明了它比那个世界的具体因素更具物质性和实体性。虽然继续投入于资本主义幻象的后果对主体来说是毁灭性的（正如电影最后一个镜头所显示的，完全进入妄想状态的茉莉在公园的长椅上自言自语，排练着她已经"失落了的"生活中的对话），而资本主义的框架却毫发无损。因此可以说，在茉莉身上体现了"事件政治"的危险，这种政治既忽视了对危机的批判意识，也忽视了由新的主人能指所支撑的新的幻象的建构。仅仅只有负的事件（a subtractive event）是不够的。

　　考虑到对象 a 内在固有的政治暧昧性，拉康在第十六和第十七期研讨班（1969—1971）上介绍了四种话语理论（主人话语、歇斯底里话语、大学话语和分析师话语），有效地推动了对它的批判的历史化。对于拉康来说，资本主义的诡计，位于标志着科学理性诞生的现代性大学话语的更广泛的诡计之中，它通过商品形式使对象 a 具有价值，结果恰恰使其构成性的否定性（constitutive negativity）——准确地说，作为熵的废弃物（entropic waste）的地位——越来越不被人们所触及。正如阿兰卡·祖潘契所说的那样："与资本主义有关的革命就是这样：它找到了使废弃物变得有所值的方法"（Zupančič 2006：170）。因此我们认为，当历史从前资本主义时代过渡到资本主义时代时，对象 a 的普遍商品化将资本主义转变为一个主人能指，从而确保了资本主义结构的意识形态封闭性。正如在可口可乐的例子中，附着在商品上的享乐成了主人能指，可口可乐本身也变成了一种强迫性的享乐。从主人话语到大学话语的过渡则决定了我们可称之为前所未闻的对象 a 的"主人化"（masterisation）：人们发现位于自身欲望核心的并非作为熵的废弃物的、具有创伤性解放能力的对象 a，而是一个残酷的主人，他要求得到越来越多的服从（"享受！"）。那么，对象 a 似乎将经历一次彻底的退化：从不可接近的剩余到对表意操作的最有效的封闭。

费德里科·费里尼（Federico Fellini）执导的奥斯卡获奖影片《阿玛考德》（*Amarcord*，1973）中有一个有趣的场景，很好地概括了欲望逻辑的历史性转变。特奥叔叔（uncle Teo）本来被关在精神病院里，前来探访的家人把他带出去乡下玩了一天。结果，他趁人一时不注意，爬上一棵树并开始叫喊"我想要一个女人"，声音越来越大。所有想让他从树上下来的努力都以失败告终，因为没人给得了他想要的东西。大家最终还是决定向精神病院求助。很快救护车开来了，还带来一位"侏儒修女"，她的脸被一顶大帽子完全遮住。她爬上树，对着特奥叔叔喊了几句别人听不懂的话，很快就获得了其他人都无法达到的成功：特奥叔叔听话地从树上下来，顺从地跟着修女上了救护车，还微笑着向大家打招呼，好像什么事也没

72   发生过一样。拉康使我们能够在这个场景所具有的明确含义（对天主教会专制主义的讽刺与控诉）之外提出其他的解读：严厉的修女是某一类女性的隐喻，这类女性不仅是费里尼大部分电影中作为催化剂的崇高淑女的"另一面"，她还是由对象 a 转变而来的主人能指。悖论在于，她是特奥叔叔想要的女人：一个专制的主人。也许这就是我们今天所处的社会，它用享乐的指令对我们狂轰滥炸，以至享乐的熵，与欠缺同时发生的过剩的享乐——正如齐泽克所说，"对象 a……是负的过剩"（Žižek 2012：559）——越来越被体验为对权威的需求。这是为什么大学话语中主要的性模式是性倒错的最终原因（与我们的例子一致：不是崇高的淑女而是女性施虐狂）。

在这里，我们遭遇到了位于对象 a 核心的僵局，拉康在阐述四种话语理论时已经充分认识到这一点。四种话语代表了四种社会关系，它们以不同的方式处理各自内在的不可能性。正如瑟奇·勒苏尔所说，这四种话语中的每一种都表达了"交互主体性的失败"（Lesourd 2006）。我们可以根据拉康对驱力的概念化来更好地理解这一失败。在第七期研讨班中，拉康指出驱力"决不能局限于心理学概念。它是一个绝对基本的本体论概念，是对意识危机的回应，我们没有必要去识别这个意识危机，因为我们正经历着它"（Lacan 1992：127）。可见，拉康将弗洛伊德的死亡驱力概念发展为一种针对自我的自恋式运作的强迫性重复的"压力"（pressure，Drang），结果把驱力转变为同时既是临床治疗的主要方面，又是其否定本体论的范式主题。我们应当坚决主张，在拉康那里，本体论包含了对驱力对象的基本否定性的辩证承认，这样做同时捕捉了主体最根本的去中心化（decentredness）。我们并不是说，否定性是完全没有规定性的，是一种真空（非存在）；相反，拉康的否定原本就是辩证的，主体在 / 通过大他者实现了自我异化，否定正是处在这个自我异化核心处的某物的存在方式，它也标志着大他者自身的本体论的不完整性。拉康的主体是这种必不可少的、具体的"不在场的存在"，它同时对应了维持着我们通常所说的"客观现实"的符号性框架内部深渊般的缺口。

与驱力有关的、最集中体现了对否定性的这种理解的概念应该是焦虑（anxiety）。在拉康那里，焦虑表示主体与对象——大他者的快感——之间的对抗，主体无法使这个对象服从于作为综合统一体的"我"（I）的约束规则，也就是说无法将它置于自恋的幻想领域中。与弗洛伊德相反，拉康声称焦虑"并非没有对象"，这个说法肯定了否定性具有自相矛盾的性质，它从根本上说又是具体在场的（Lacan 2004：105）。关于焦虑的研讨班（Book X，1962—1963），其目的正是将否定性的本体论身份与一个对象联系起来，这个对象动摇了主体性，因为它威胁要将主体与现实之间建立起看似透明和无缝关系所仰赖的框架夺走。对拉康而言，恰当的主体（the subject proper）（作为否定本体论的一个范畴）出现在与焦虑对象的关系中，这些对象满足了驱力维持着享乐的欠缺从而破坏一般的认同过程的要求。

将对象 a 看作驱力的对象，使我们能够更好地把握拉康四种话语理论中起作用的关键维度。要衡量话语的历史主义维度，首先应该与那些企图消除对象 a 的内在破坏性的做法联系起来。拉康感叹，在大学话语中，体验社会关系的否定关联点的可能性大大降低。正如预期的那样，我们对这种说法的解读是，随着资本主义以及定义它的理性类型的出现，对象 a 开始作为主人能指发挥作用。通过使作为驱力的对象、负载着焦虑的对象 a 失去效力，作为现代社会特征的无处不在的快感的"主人化"似乎要将我们引向一个受到阿多诺、霍克海默以及其他法兰克福学派的社会学家谴责的完全"被管理"的社会。

实际上，正是在对大学话语的论述中，拉康似乎最接近于批判理论的悲观主义立场，这是就该立场反思了现代科学理性中权力的历史重构这一点而言。拉康对大学话语的批判，回应了 1944 年阿多诺和霍克海默在《启蒙辩证法》中所面临的同样的困扰：作为工具理性的科学知识变得越来越"极权主义"，它开创了一种话语，在其中，与驱力相关的焦虑与快感往往被包含在不断变化的对象-享乐中，结果，与对象的自我差异的相遇就被积极化，变成纯粹的差异性。在这个过程中丢失的是社会转型的主要因素，也就是每种特定的话语或意识形态中固有的本体论僵局的经验，包括实践的和理论的经验。

　　但是，这个分析需要改正。拉康精神分析与阿多诺式的批判理论之间的根本区别，恰恰在于"辩证调解"这个旧概念。这个观点我们将在第五章中与吉奥乔·阿甘本的哲学联系起来进一步阐述。简而言之，拉康基于辩证法的两个传统术语，即主体和客体之间的负相关性（negative correlation），发展出一种欠缺的本体论。另一方面，批判理论内部引发争论的动力则来自一种二元对立的观念，即现代思想（以其日益异化的理性呈现）与其多少"未受破坏的"他者（物质、自然、事件、乌托邦等）之间的历史化对立。这种二元论即使从辩证的角度来理解（如阿多诺），也会被它认为解决之道在于两个术语的混合或重叠这种假设所打败。从这个（批判理论的）角度来看，只有当我们在自然与文化、自然与规范（physis and nomos）之间假定一个"正在消失的"乌托邦或弥赛亚的接触点时，才能对工具理性的极权主义维度加以批判。虽然拉康可以说是从一个类似的理论前提开始，但他最终支持的却是一个完全不同的视角，齐泽克认为这个视角完全是黑格尔式的（Žižek 2012: 819），因为他放弃了寻找两个辩证术语之间的重叠（或综合），并认识到正是它们之间的缺口，把它们分离开来的不可逾越的距离，辩证地构成了它们，并通过它们共同拥有的不一致性使它们结合在一起。

换句话说，否定性充当了中介，因为作为自我分裂的否定对于两者来说都是自身的组成部分：否定是本体论的；它命名了它们相交的点，从而构成了彼此。

因此，拉康所反对的假设是，西方思想中最主要的二分法可以在某个阈限——例如，符号界崩塌进真实界，或者主体与客体合并的层次上——得到解决。这样的综合是不存在的，但这并不是因为对立的实体完全不同因而无法协调；相反，这是因为它们之间的缺口是本体论的，它穿越了存在本身。齐泽克概括说："所有存在的"都是存在的空隙，是存在的非自我符合，是存在秩序的本体论的非闭合（Žižek 2012：822）。

第四章 资本主义话语：自掘坟墓

　　在拉康对四种话语的理论化中，他最迫切的关注之一是试图找出资本主义及其自我定义的生产、价值化和消费指令的主要问题。在关于"话语"的研讨班上（第十六至第十八期，1968—1971），我们发现拉康不断提及资本主义及其结构构成。这一主题的中心地位也体现在以下事实中：在第十八期研讨班（1970—1971，Lacan 2007c）、《广播讲座》（*Radiophonie*）（Lacan 1970）以及1972年5月12日米兰大学的演讲中，拉康提出了第五种话语，他恰如其分地将其命名为"资本主义话语"（discourse of the Capitalist）。他并未进一步阐明其含义，但所增加的这第五种话语补充了在前面四种话语，尤其是主人话语与大学话语中已经出现的社会批判分析。事实上，我们认为主人话语、大学话语与资本主义话语彼此之间是紧密相关的，它们的主要目的都是要找出现代性的社会关系发生了什么转变，以致控制（mastery）不仅没有被消除，反倒更加有效。更准确地说，大学话语与资本主义话语是互补的，它们显示出在现代性中掌控者如何使自己变得不可见，从而愈发不可战胜，以此来强化其独裁统治。不过，拉康同时也告诉我们，由资本主义话语这种新的控制形式所体现的社会关系"即将遭遇爆胎"："不是主人话语，而是替代它的资本主义话语，显然正面临着危机。我并不是说资本主义话语是腐朽的，相反，它是相当聪明的，难道不是吗？相当聪明，但即将遭遇爆胎。"（Lacan 1972: 48）。

话语的真实界

在评估以上陈述之前，让我们简要回顾一下，在拉康的话语理论中至关重要的是什么。四种话语理论是拉康在其教学的"第二阶段"发展起来的，最早开始于第十一期研讨班（1964），当时拉康提出要"向真实界推进"。在对这些高度形式化的话语加以理论化的过程中，拉康越来越关注如何将快感的残余的真实界（被理解为令人不安的过度 / 缺乏的享乐）限定在表意结构当中。在这方面，这些话语代表了拉康转向语言形式化的一个里程碑，因为它们提供了一系列动态的公式，试图解释破坏性的真实界如何被纳入社会关系当中。后来，在第二十期研讨班时，拉康开始他教学的"第三（也是最后一个）阶段"（参见 Voruz and Wolf 2007），其标志是他意识到符号界与真实界是不可分割的一体（语言与快感现在被视为全然密不可分的关系）。考虑到我们进行分析的目的，我们将把重点放在拉康研究符号界与真实界的二元方法上，它在四种话语理论中具有广泛的代表性。这并不是要贬低拉康后来关于语言中"充斥着快感"的理论的重要性，而是为了使我们能够专注于他对资本主义星丛（the capitalist constellation）明确的批判。为了做到这一点，我们应该牢记，拉康将话语理解为塑造了特殊社会关系的表意结构。[1] 拉康的话语概念提供了一个由四个位置组成的固定不变的形式框架，通过这些位置的旋转来阐明不同的历史星丛，其最主要的意图是捕捉表意过程在本体论层次的失败。更重要的是，它告诉我

[1] 在米兰大学的演讲中，拉康将话语定义为"对通过语言的存在所能产生的事物加以排列，从而使社会关系正常运转"的东西。对拉康而言，不存在任何自然的社会话语，只有通过语言的异化干预而产生的话语。（Lacan 1972: 51）

们，正是这一失败或者说僵局使沟通和社交成为可能。换句话说，我们的社会符号宇宙是由它的根本无意义辩证地维持与证实的。

每种话语都包含四个固定的位置（行动者、他者、产品/效果、真理），占据着这些位置的是四个不同的形式化术语（S_1，S_2，a，$\$$），分别代表主人能指、知识、欲望的对象–原因和被斜线划过的主体。这些术语彼此之间保持固定的关系，按逆时针方向旋转90度，从而形成了四种不同的话语。每一种都是从行动者向名为"他者"的"被动"接收者讲话开始。讲话的结果可以通过其扭曲的效果或产品来验证。最后，我们来到真理的位置，它使拉康的理论具有了恰当的精神分析的语调，因为在这里我们意识到行动者只是表面的负责人，他的话语的真理总是在其他地方（在无意识中）。真理的位置使任何交往逻辑和社会关系的本体论不一致性获得了具体的形式，并通过两种方式表现出来：首先，在上层，即意识的层面（行动者与他者），我们得到一种不可能性（impossibility）的关系；然后，在下层，即无意识的层面（效果与真理），我们得到的是一种无能（impotence）的关系。让我们先从上层所发生的事情开始：既然驱动行动者说话的欲望隐藏在他的真理深处，同时又构成了真理本身，那么发送给他者的信息只能以扭曲的形式存在。这种拙劣的沟通在下层变成了一种无能的关系，因为行动者与他者之间的关联（他者如何理解行动者的言说）所产生的效果将不可避免与行动者的真理不一致。需要着重指出的是，每一种话语所描述的社会关系与在意识的话语层面和无意识的真理层面都表现出来的最根本的不一致性是紧密相连的。

图 1

正如我们所预料的那样，四个术语填补了话语的四个位置，彼此保持着不变的关系。它们的排列逻辑反映了拉康的信念，即主体不是预先存在的，而是语言的产物，是能指相互作用（"能指是为另一个能指表征主体的东西"，Lacan 1998a：157）的结果。从当前资本主义危机的角度出发，我们所关注的是拉康理论所描述的两个具体转变：第一，从主人话语向大学话语的逆时针回归，它抓住了主人能指角色所发生的关键性转变；第二，拉康先前提到的第五种话语即资本主义话语的假设，它不遵循其他四种话语的旋转逻辑，而是通过将主人话语中的 $S_1/\$$ 翻转为 $\$/S_1$ 而得以实现：

$$\text{大学话语} \qquad \text{主人话语} \qquad \text{资本主义话语}$$

$$\frac{S_2}{S_1} \rightarrow \frac{a}{\$} \qquad \frac{S_1}{\$} \rightarrow \frac{S_2}{a} \qquad \frac{\$}{S_1} \rightarrow \frac{S_2}{a}$$

图 2

令我们感触最深的是，拉康努力通过两种话语（大学话语和资本主义话语）来证明我们的社会关系是如何面临着崩溃的危险：主人能指（S_1）占据了无意识真理的位置，而行动者的位置则分别由知识（S_2）和被斜线划过的主体（$\$$）接管。在这两种情况中，被否认的主人能指构成了行动者（不管是知识还是主体）的真理。这意味着虽然掌握了社会关系，但我们所拥有的似乎要么是客观中立的行动者（知识），要么是由其无法抑制的欲望所驱动的歇斯底里主体[1]。事实上我们一直"处于命令之下"，服从一个严厉的主人所发出的指令，这些命令往往因其隐身不可见而变得更加有效。而且，在大学话语和资本主义话语中，正因为主人占据了真理的位置，结果我们沉浸在意识形态当中：我们表现得好像我们是自由的

78

---

[1]　在歇斯底里话语中，处于行动者位置的也是被斜线划过的主体。

行动者，自我决定我们的生活，实际上我们只能任凭无意识命令摆布。正如齐泽克一再指出的那样，当意识形态的指令不能被人们直接经验到时，它产生了最有力的影响。在大学话语中，被否认的意识形态命令是"你必须知道！"[1]，而在资本主义话语中则是"你必须享乐！"在精神分析的术语中，这两者都具有社会强制性，因此完完全全就是意识形态的超我指令，尽管在我们看来，它们好像是人类自发的、自然的性情。

　　让我们快速概括一下这两种话语的作用。在相当于现代科学客观性话语的大学话语中，知识有点蛮横地试图直接解决和控制 a 这个本质上早已失落的欲望的对象-原因，结果只不过是产生了主体的异化（$），同时排除了主人能指与主体之间的任何关系（$S_1//\$$）。资本主义话语标志着主人话语的另一种退行，不过它并没有像其他话语那样旋转 90 度，因而似乎发现了一个新的"话语世界"[2]。在这里，我们遇到了倒错的情境：被斜线划过的主体，原本根据定义它因为自我异化而变得无能，却被授权（作为行动者）启动生产性的知识。一方面，这个结果与主人话语在形式上是相同的（既然资本主义话语也产生了作为欠缺的 a），另一方面我们也可看到在较低（无意识）的层面上发生了深刻变化：S_1 作为 $ 的被否认的主人，无法与其话语的效果／产品发生联系。如果我们将拉康的等式翻译

[1] 拉康明确地将大学话语与大学本身联系起来，例如在 1968 年（第十六期研讨班），他对造反的学生说他们会发现自己越来越为"知识的市场"所困："在某一些观念的改革譬如说学分（作为价值单位）的改革中、在可能发给你的小纸片中浮现的正是价值的单位。这是一个信号，预示着知识在该领域、在被称为大学的市场中将越来越成为何种事物。"（Lacan 2006b，1968 年 11 月 20 日的研讨班）拉康认为法国大学引入学分制正好印证了资本主义的价值化影响到文化领域。
[2] 参见列维·布赖恩特的《齐泽克的新话语世界》一文。文中认为，资本主义话语可被看作开创了一个全新的星丛，它脱离前面四个星丛，并且大概是由另外三种话语，即生命权力话语、批判理论以及非物质生产话语所构成。（Bryant 2008）

成它们的资本主义对等物，这种无能的意义将变得更加明晰。资本主义话语的行动者，无论是资本主义的工人还是消费者，都是无意识的主体（$），它被悖谬地置于发号施令的位置，相信自己变得无所不能。资本主义的工人／消费者把他者称作"专家知识"（技术或科学知识，因其虚幻的中立性而显得无所不能），他们之间的联系所产生的效果是剩余价值的产生，也就是被价值化的剩余，它是快感内部剩余的一种扭曲形式，是任何一种社会关系的死结。然后，至关重要的是，我们抵达整个话语的真理，它体现在作为主人能指的资本主义身上。

资本主义驱力的目标与目的

现在我们可以明白为什么拉康会坚持认为资本主义话语"即将遭遇爆胎"了。如果说主人话语中麻烦的是主人能指的根本歧义性，表示为 $S_1/\$$，那么困扰着新的资本主义话语的则是，作为被否认的发号施令的权威，资本家无法与他通过欲望主体所促成的结果，即剩余价值的积累建立联系（$S_1//a$）。悖论在于，资本主义作为一种生产方式是与它所触发的机制的最终产品相脱离的。原因很简单，它忽略了一个重要的事实，剩余价值的积累不仅受工人／消费者的生产能力所调节，更受制于他们购买欲望对象的能力。因此资本主义与剩余价值之间的关系是易爆的，因为它必须依赖于生产／消费之间不可操控的动态关系。换句话说，当资本主义的独裁驱力很好地使消费者保持被制服的状态（"享乐！"作为意识形态的指令），事实上它并不能达成其真正的目标。在这里我们应该考虑到，在拉康看来，驱力的目标与目的并不一致，因为驱力的目的始终是错过其明确的目标——也就是说，驱力的对象是快感，它通过满足的欠缺而产生一种悖论性的满足感（参见 Lacan 1998：178—81）。

那么，关键就在于，资本主义的驱力——或者用弗洛伊德的话来说，它的恒力（konstante Kraft）、毫不松懈的张力——与它明确提出要实现的目标之间存在着一道缺口：明确的目标是利润，而目的则是被期待产生利润的"脉动"（pulsating）的固定状态能无休止地、自毁式地持续下去。最终，正如当前的危机所显示的那样，正因为资本主义驱力永不停止的扩张本性，生产–消费轴有可能适得其反。此外，拉康补充说，驱力表现为"无头主体的模式，因为在其中一切都是通过张力的措辞得到表达的"（Lacan 1998：181）。换句话说，没有办法跟驱力讲任何道理，并将其限制在理性的社会模式内，因为它的本质是"无头的"，是超出正常运作的（神经症的）理性之外的。驱力无法理解自己的所作所为，就像陀思妥耶夫斯基在 1867 年的中篇小说《赌徒》中所塑造的那个具有"自传"色彩的角色一样："我下了规定所允许的最大赌注……结果输了。我浑身发热，我拿出了身上剩下的全部的钱，把它押在同一个号码上，又输了。我昏头昏脑地离开了赌桌，甚至搞不清楚自己到底发生了什么事"（Dostoevsky 1996：18）。资本主义无疑就是"赌场资本主义"。因此，拉康的资本主义话语有力地反驳了亚当·斯密关于市场是为社会和经济凝聚力提供最终保证的"看不见的手"的著名比喻。在第十六期研讨班（1969 年 3 月 19 日）上，拉康已经指出：

> 资本主义之所以能够取得统治的地位，是因为它与科学功能的强大有着密切的关系。这股力量被伪装起来，保持秘密状态，而且还可以说它是一股无政府主义的力量，我的意思是它自身内部是分裂的，毫无疑问它披着科学崛起的外衣，只不过现在却像骑着自行车的鱼一样尴尬。（Lacan 2007a）

在阐述资本主义话语的危机问题时，拉康恰好利用了"消费"

的双重含义：一方面我们必须无休止地消费（享乐），另一方面"它（资本主义）消费（消耗）着自身"（Lacan 1972）。关于后一种消费形式，关键是要强调，拉康的大学话语和资本主义话语之所以具有社会批判性，不仅仅因为它们专注于被巧妙否认的、在现代性中发挥作用的控制形式（包括作为其政治面貌的自由民主），还尤其因为它们确定了这些结构序列在本体论层次的不一致性，这种不一致是实质性的，因此也意味着它们所体现的社会关系是脆弱的、终究无能为力的。

尽管如此，拉康认为资本主义话语又是"相当聪明的"。在我们看来，这是因为它既成功创造了一种幻觉，即欲望主体拥有完全自主的地位，与此同时，它又暗中迫使欲望只朝着生产和消费商品这唯一的方向发展。通过这种诡计，资本主义确保没有任何一种欲望比工作和消费的欲望更强烈。在现代性的两幅面孔（作为对客观性的科学叙述的大学话语以及资本主义话语）中，负数被伪装成正数，并因此被纳入意识的表意链中（在话语的上层）。在资本主义话语中，这个伪装的正数是工人/消费者自己，他的"无实质的主体性"被暗中强加了一个全能的命令（处于行动者位置的 $ ）[1]。然而，他越享受他的权力，就变得越虚无，因为欲望真正的对象-原因（作为欠缺的 a）始终躲避着他。但是，全部的要点在于，正因为被抬高到一个前所未有的发号施令者的位置，分裂的主体不服管教的本性被驯服了，就像"消费者是上帝"这类口号所做到的那样。而我们马上也会看到，类似的伪装操作也在大学话语中发挥作用，不过让我们先回到主人话语与资本主义话语的具体区别上来。

81

---

[1] 这里可以看到资本主义话语与歇斯底里话语之间的相似与不同，在歇斯底里话语中，$ 也处于行动者的位置。由于其身份（$）与所占据的位置（行动者）之间的缺口，消费者的确可以被视为歇斯底里的，尽管如此，他们发言的对象仍然是知识而非主人能指，因此相信能对表意链保持更强的控制。

　　在第十七期研讨班上，拉康煞费苦心地证明，在"旧"的主人话语中欠缺可用于标示一种社会关系的基本的无能。在主人话语中，试图在能指之间建立起一致的连接（$S_1 \rightarrow S_2$），其结果只会产生一些"失落了的对象"，它们代表了表意过程的短路，也代表了主人能指被隐藏起来的无能，最终的真理就是 $。作为行动者的主人能指越是有效地向其他能指发出信号，告诉它们"存在着一个太一"（*il y a de l'Un*）（存在着一个太一的表象，一个连续性的符号秩序，或者换句话说，"有一种元语言"），他实际的无能就会更加受到抨击。正如诺布斯和奎因所言："无意识主体对主人能指所构成的威胁实际上暴露了主人能指的根本无能，他依赖于大他者以获得意义感的行为是具有自我破坏性的。"（Nobus and Quinn 2005：133）相反地，随着现代性（科学话语）的到来，这种无法从社会关系中抹除的无能被价值化，变成了剩余，以至于成为资本主义积累的关键。用拉康的话说，在资本主义（事实上还有共产主义）的现代性中所发生的，简单地说，是缺失（loss）的"相当聪明的"变形。如果说，在大学话语登场之前，缺失与（奴隶的）生产有关，它证明了一种真实的、实质性的欠缺，那么在现代性中，这个名副其实的"障碍物"却得到了公开的认可，被视为体制的一个积极的特征，这意味着否定性被进一步压抑。但是，由于被压抑的东西并不会消失，而将"回归"，因此在某一刻，人们必将为这种深刻的扭曲行为付出代价。这个代价在今天的具体表现就是我们通常所说的"危机"。正如我们已经看到的，今天对危机的反应无非就是试图把其影响积极化，这一事实说明，我们依然是在资本主义的意识形态框架内运作，它最强大的武器就是能够将任何否定性或矛盾的迹象——因此也就是任何妨碍其运作的潜在障碍——转变成为一种资产。

82

享乐的暧昧性

正如前面所说，应该从资本主义工人／消费者的角度来解读资本主义话语。资本主义的行动者是被斜线划过的主体，因为他永无休止地工作和消费——这里是就工作和消费主义作为意识形态范畴而言，而不管我们是否拥有一份工作。因此被斜线划过的主体在资本主义话语中所占有的地位与他在主人话语中的完全不同。现在开始 $ 掌管一切，并将知识运用于工作，因此，一方面，贪得无厌的欲望——一种没有对象，或者说以欠缺为对象的欲望——就成了他的典型特征，另一方面，他又得到了由大他者所表达的知识、一组他认为由自己所掌控的能指（S_2）的支持。也就是说，我们从 $S_1 \rightarrow S_2$（主人话语）转到 $\$ \rightarrow S_2$（资本主义话语），需要重点指出的是，在这两条表意链之间，尽管知识都是由大他者来表达的，但仍存在着深刻的差异。在第一个序列中，主人能指与 S_2 形成一种命令关系，并对其中所表达的知识一无所知；在第二个序列中，资本主义主体既空洞又充斥着商品与剩余价值的知识，正是这些知识维持着资本主义的社会关系。尽管仍然是被斜线划过的主体，资本主义工人／消费者作为行动者总是受到欺骗，误以为"他能得到所有他想要的"（只要他付钱），或者以为他知道如何满足自己的欲望，这两者是一回事。事实是这种情况从来不会出现，它自然只是资本主义所赖以存在的诡计：与我们幻想着总是能不断得到满足相反，满足总是永远被推迟。拉康想强调的似乎是在资本主义意识形态中工人／消费者所处的特定历史条件，他对自己想要什么一无所知，同时又自以为是地说服自己，他可以随意使用一切必要的知识来满足所有的愿望（在实践中，这些知识由技术、广告、专家、脱口秀和全部媒体所提供，也就自然而然地表现为金钱的形式）。资

本主义话语的倒错恰恰在于这种"拜物教式否认"的态度：我完全
清楚商品的价值（金钱）是虚假的，但我却表现得好像它是真的一
样。尽管对象 a 仍然基本上隐藏在右下角，资本主义话语中的主体
却欺骗自己相信他能够得到它的秘密。

　　具体谈到由资本主义所推动的欲望与享乐的问题，整个体系的
繁荣有赖于以下事实：我们与快感之间并没有建立起联系，也就是
说我们并不把享乐视为欠缺，而是把它看作一种流动形态的充盈，
一种无处不在的实质，它通过告诉我们幸福伸手可得，从而填充了
我们的生活并赋予它意义。这里我们再一次面对一种视差：尽管享
乐就其最深刻的意义而言总是一种令人痛苦、沮丧的欠缺，但我们
却将欠缺视为一种殖民了生活的每个方面的充盈，通过这种方式来
维持我们的社会符号秩序。空虚成为一个表示无法超越的充盈的概
念。正是欠缺与充盈之间这种暧昧的分歧事实上构成了享乐。理论
上，市场上提供的预先包装好的享乐事实上是"没有-快感"（jouis-
sans），即享乐的欠缺，它维持着欲望，但在实践中，商品形式满足
了快乐原则，它确保为资本主义意识形态的轮子刷上足够的润滑
油。齐泽克说，当我们打破金德蛋时，我们发现里面什么都没有，
它只是一个愚蠢的塑料玩具，与之相似，在商品的核心也只有空
白（参见 Žižek 2003：145）。这无疑是事实；但是，这个论断忽略
了一个基本的事实：空无的拜物教式对象化，也就是"商品"，实
际上充斥着我们的生活，赋予了它们所需要的幻象支持，这样它们
才能被看作是"值得过的"。正因为这个原因，所有的消费者根据
定义都是"幼稚的"。有些人认为，消费主义所推销的享乐与压抑
的情绪或者弗洛伊德所说的"文明的不满"（Das Unbehagen in der
Kultur，discontent in civilization）直接相关，但这种观点依然没有
考虑到在一个更大的层面上，这些情绪总是已经被"劫持"并积极
化了。尽管事实上我们屈服于消费主义的逻辑，背叛了我们的欲

望，转而选择去积聚由我们贪婪的超我所指定的、可能产生毁灭性影响的"仿享乐"（ersatz-enjoyment），但底线仍然是，在我们的社会关系中，我们只有通过与我们眼前的对象——商品（无论它是真实的物品还是生活经验）所提供的一种具有止痛作用的享乐建立直接的联系，才能获得意义；情况已经可悲到，我们甚至完全无法想象一种不受商品拜物教统治的社会关系。我们整个生命存在的理智依赖于令人兴奋地消费着各种各样日新月异的产品、生活方式与时尚，没有它们我们将被剥夺掉我们能在其中刻写和表达意义的框架。在这方面，我们应该避免一切幻想，完全拥护拉康关于"主体化"的教诲：我们通过大他者形成了自己的身份。教训非常简单：资本主义驱力的"疯狂"以及它所暗含的跨越不同历史时期和上层建筑的结构性不平衡，不仅由消费需求伪装成欲望这个"拜物教常识"所维持，也被其所抵消。我们的符号秩序正是通过这种方式记录了我们的参与，获得我们的批准，并因此设法保持一定程度的平衡。

84

如果说，尽管发生了一场被证明是灾难性的危机，但资本主义的框架依然具有吸引力，这是因为我们依然迷恋着它的成果，这反过来又使我们对正一步步逼近的末日景象视而不见。而且，必须补充的是，我们享用着它的成果，是因为即使只是在幻象中，它们也似乎抵消了我们生活中固有的过剩。资本主义条件下主体性的弱化为它的持久性提供了保证。工作和消费是强制性的治疗；如果这还不够，还有一系列其他的维稳措施随时准备安抚任何相关的生存动荡，从（回归）宗教和福利主义的传统，到对地方经济和绿色经济的热爱，当然还有日益繁荣的制药业市场。因此，在一个奇怪的循环中，生存焦虑与消费主义互为因果：资本主义只产生了它承诺要治愈的那种焦虑。作为焦虑不安的工人／消费者，我们通过与快感保持着安全距离从而得到享乐。事实上，享乐的指令始终处于市场力量的监控之下。它在一个秩序井然的享乐体制的框架内运作，自资本主义的清教徒式起源开始，该体制一直处于资本主义的核心。过剩必须被视为随手可得，但同时又被去政治化、被定罪、被拔掉了令人不安的刺。最终，消费主义背后的市场，就像阿多诺和霍克海默所抨击的文化产业一样，同时是"色情和愚蠢的"（Adorno and Horkheimer 1997：140）。我们被怂恿去体验各种各样过度的快乐，但只有当它们已经包含了自身的抗体的情况下，享乐才有可能。

在第十六期研讨班上，拉康注意到，尽管利润的再投资"并没有使生产资料用于为快乐服务"，但我们最终仍然得到了"快乐的实践"。实际上，这种实践被强加在我们身上，但同时又要求我们必须把它体验为我们自发的渴望的结果，以防止那种"冥想者的至高无上却无所事事（far niente）的快乐"。这里最重要的主张是快乐原则的成功必须根据它深入"地下墓穴"，深入"地下冥河"，也就是干预无意识的能力来衡量。拉康提醒我们，享乐的任何获得，都必须通过主体错综复杂的拓扑结构。也就是说，在资本主义制度中我们的享乐体验不管如何过剩、具有多大的潜在破坏性，它仍然属于快乐原则的缓和管辖范围。尽管我们瞄准着享乐的核心，但我们所能期待的只有"疗养的实践"。并且，正因为避免了霍勒斯所说的"体面的失业"（otium cum dignitate）——从必须工作的命令中被有尊严地移除的情况，资本主义的享乐主义事实上更具有强制性（参见 Lacan 2006b，1969 年 1 月 15 日的研讨班）。简而言之，在主体的层面上，资本介入快乐原则与超越快乐原则的斗争当中，无休止地将后者转变为前者，这解释了为什么，譬如说今天享乐的指令主要以"享受你的健康"的方式被推销，也就是说"享受而得不到享乐"（enjoy without enjoyment）。

所有这一切的政治结果是，在当前主导性意识形态内部产生的任何主观抵制，最终更有可能成为一种"普遍的堕落"而非真正的颠覆行为。正如拉康在 1968 年告诫学生的那样，他们的"起立发言"更像是"吸烟或者喝可乐"，而不是"攻占以任何形式存在的巴士底狱"（参见 Lacan 2006b，1968 年 11 月 20 日的研讨班）。在"文森斯的即兴演说"中，拉康沿着同一个思路，把信奉马克思列宁主义的学生称为"希洛特人"（helots），该词指的是古希腊时期斯巴达人的奴隶。当其中一个学生轻蔑地称拉康为"自由主义者"时，他回答说：

> 与每个人一样，我只有在反进步主义的意义上才是一个自由主义者。需要补充说明的是，我已经被卷入一个值得称为进步主义的运动当中，因为看到精神分析话语被建立起来，这本身就是一种进步，只要它能够完成一个循环，使你可以把恰恰是你所反抗的东西安置其中，而且这样做并不会妨碍它运作良好。第一个与它合作的人，就在文森斯这里，就是你，因为你在这个政权里扮演了希洛特人的角色。你不知道这意味着什么吗？政权正在把你展示出来。它说："看着他们享乐！"（Lacan 2007b：208）

在这里大学话语和资本主义话语是一回事。拉康坚持认为，学生恰恰置身其中的这种社会关系驯化和整合了所有的过剩，甚至把马克思列宁主义的革命者转变为剩余价值。因此他的观点是，学生们没有意识到资本主义正因为他们对（性）革命的兴奋而蓬勃发展，正如它因为消费者站在商店橱窗前面的兴奋而蓬勃发展一样。拉康指责学生们看不到他们的革命热情其实只是由资本主义蓬勃发展的话语狂轰滥炸所决定的范式转换效果之一。从这个角度来看，1968 年是资本展示其使剩余享乐价值化能力的又一个机会。在1968 年，资本边看着学生们享乐 / 交媾（或者享受着革命游戏，或者享受着性革命）边"享乐"（从中获利）。革命精神被劫持，被转

变为一种具有价值的景观，一种商品，其"爆炸性潜能"不仅时时处于资本主义话语倒错的主人的监控之下，而且由其以科学的方式

86   生产和调节。政治快感的爆发（议会外的分裂团体、武装斗争等）本身便被资本（在危机时期它唯一的兴趣是保持自身的霸权地位）巧妙地操纵着，同时接受资本在历史上的亲密政治盟友——自由民主——好心的调解。正因为当前市场主导的社会动荡的背景，拉康警告左派要"使他们做出的承诺体现出深度"：

> 意义来自每个人都认为自己是世界的一分子，也就是说是他的小家庭以及围绕着它的一切的一部分。你们每个人——我甚至是在为左派人士说话——你们依恋着意义，其程度远甚于你们想要知道如何使它更好地体现出深度并付诸实践。一定数量的偏见构成了你们的日常生活，并将你们的造反的重要性限制在最短期限之内，准确地说，限制在不会给你带来任何不适的范围内。它们肯定不会改变你的世界观，它依然保持着完美的球形。（Lacan 1998b: 42）

但是，当结构性危机开始具体地剥夺了我们特定的消费享乐时，情况会怎样？我们的世界观是否仍然保持"完美的球形"？也许最有可能的结果是大家集体陷入一种妄想的状态，在那种状态下，被强化的病态幻象补偿了享乐的欠缺。前面提到过的伍迪·艾伦的《蓝茉莉》也许就提供了一个令人沮丧的预感，预示了如果我们在面对当前的危机时，既缺乏对它的批判性常识，也没有对我们的社会星丛及其特定的意识形态享乐形式加以全面反思的创造性欲望，那么未来将会怎样。未来的风险，至少是即将到来的未来的风险，是我们都变成与茉莉一样的病态妄想症患者，这将不可避免妨碍任何从根本上重塑大他者的尝试。事实上，一种普遍性的对资本

主义已失落成果的妄想式依恋，更有可能引入并推动新形式的独裁政治权力，其作用是保持资本主义矩阵的统治性地位，而不管它已经多长时间无法产生任何形式的增长。

如果这一切在今天依然适用，那么迫切要问的问题则是：我们有什么机会可"成为主体"并对我们在面对当前的资本主义危机时所采取的行动负责？

工作的快感

如果说解读资本主义话语的其中一种方式是展示它如何从资本主义主体（处于支配地位的被斜线划过的主体）的角度对待缺失的积极化问题，那么大学话语则从一个更广泛的、系统的视角（在这里知识占据了行动者的位置）提出了同样的批评。正如预期的那样，这两种话语应该放在一起解读，因为在我们看来，现代性的一个重要特征是，科学知识及其标榜的理性类型被赋予了过度的重量，它的另一面是由主体转化而来的工人 / 消费者在关于欲望与享乐的问题上对智慧的僭越。换一种方式说，围绕着我们的是这样一种话语，其中知识的目的是将生活的方方面面化约为被生产与消费的抽象价值。这正是拉康所批判的大学话语的主要特征，它将引导我们关注拉康对工作问题的理解，这些观点往往被忽视，但却至关重要。

第十七期研讨班的中心主题大概是知识与工作不可能被完美地价值化，被鼓吹，同时又不对人类大众产生重大影响。当"被运用到工作当中的知识"［拉康反复谈论"知道怎么做"（savoir-faire）的问题］开始被价值化，也就是资本家购买生产资料以便从工人的劳动力中获取剩余价值的时候，同一时刻在拉康称之为剩余快感的层面上发生了深刻的转变。后者准确地捕捉到了构成每一种社会关系本质特征的欠缺：它是一种熵，是每一次进入能指游戏的同时总是已经失落了的维度。在拉康看来一切始于语言。我们的感觉世界，我们沉浸于其中的话语，都取决于能指如何被组织。更重要的是，当我们赋予世界以意义，这个干预同时产生意义的缺失，正因此每种话语从根本上都是不一致的，同时也是脆弱的。换一种方式说，语言分裂了我们：能指引入了一道切口，切断了"已知的知识"与"未知的知识"之间的联结，这一令人沮丧的分裂既定义了主体的角色，也定义了符号秩序（话语）的角色。

在第十七期研讨班上，拉康看似矛盾地将知识定义为"大他者的快感"（Lacan 2007b：14—15），用以指称话语的极限维度，也就是众所周知的存在于任何话语中的"骨鲠在喉"，它承载着意义并维持着我们的经验。因此，知道（savoir）与知识（connaissance）不一样，区别在于：前者代表一种与快感重叠的暧昧的知识，因而揭露了构成后者的"封闭整体"（Lacan 2007b：30），其核心深处只是一个巨大的空洞。因此，"知道"与无意识享乐有关，而"知识"则与知识型（episteme）有关。在集中探讨"知道"尤其是"知道怎么做"时，拉康对现代科学理性以及它所包含的生产力这个无论资本主义经济还是社会主义经济都一样欢迎的概念提出了质疑。在这种社会关系中，"一切都只是被计算——能量除了计算出来的结果之外什么都不是"（Lacan 2007b：80，重点为本书作者所加）。同时，拉康的目标是证明大学话语尽管顽固地依赖于知识，依然提出了一个"不可能性的因素"——不过，正如预期的那样，定位它的工作要困难得多。[1]关键是，表意过程的无意义剩余在拉康理论中

88

---

[1] 失败或者说否定性的因素在拉康的精神分析理论中占据中心地位，这一点帮助我们认清楚一个事实：对于拉康来说，结构主义本身与辨识出结构失败的那个点是不可分割的（参见 Nobus and Quinn 2005：116—17）。他的四种话语理论旨在提供证据，以证明任何结构性关系都与其僵局密不可分："在假设话语的形式化以及在这种形式化中给予自身一些注定要经受考验的规则时，我们遇到了不可能性的因素。它位于结构效应的底部。"（Nobus and Quinn 2005：44）

享有重要地位，因为它构成了真实界，是对我们的存在加以编织的
表意过程无法穿透的硬核：

> 意义，如果可以这么说的话，要对存在负责。它甚至没有
> 任何其他意义。唯一的问题是不久前我们却发现它不足以承受
> 这份重量，准确地说，存在的重量。结果奇怪的事情发生了，
> 是无意义承载着重量。它抓住了你的胃。（Lacan 2007b: 56—7）

在前资本主义时期，能指的"实质上的无意义"承载着存在的
重量，被保存在那些根据主人命令行事的奴隶的"知道怎么做"当
中。然而，随着现代性沿着逆时针方向转了90度以后，知识不再
掌握在那些不会算数的人手中，而是成为话语的引擎，占据了发号
施令的位置。在这个位置，它要求曾经是它的未知的实质（奴隶的
"知道怎么做"，他的无意识知识）在光天化日之下现身，在无处不
在的价值化指令的保护之下投身于工作当中。因此，剩余快感这一
充满否定性的、自相矛盾的实质被偷偷摸摸地转化为剩余价值，这
是一种使缺失成为可计算之物的充满暴力的、悖论的做法，同时资
本主义话语开始结出硕果。

拉康紧接着探讨的是剩余价值的创造问题。正如我们所看到
的，资本主义抽象的新颖性和诡计最初依赖于从前资本主义时代的
奴隶那里把"工作中的知识"（knowledge-at-work）抽取掉。这里
实际上被掠夺的是奴隶的工作内在固有的剩余快感。当奴隶的无意
识的、不可计算的"工作中的知识"被转化为工资劳动时，在人类
活动的层面上发生了一种深刻的神秘化：它的熵的根源"被排斥在
外"，抽象劳动成为它唯一的代表。其结果是缺失——感知到能指
所打开空洞的可能性——逐渐从现代思想视野中消失。资本主义将
缺失效应转化为价值，转化为可计算和交换并服务于产生更多价

值的唯一目的，这种做法促生了一种普遍的、无法看清"工作中的知识"本质上的盲目性。如果说在资本主义的最初阶段，人们开始前所未有地崇拜工作，这是因为工作的本质属性，它作为一种根植于无意识的人类活动，被劫持并转化为剩余价值的生产手段。一边是意识形态的指令把工作提升到在生活中发挥推动作用的道德、文化和经济原则的位置上，另一边则是对"工作中的知识"这样一种与意义的过剩（欠缺）不可分割的经验的逐渐破坏，两者齐头并进。因此，科学和经济变得与道德难舍难分，程度之深即便是马克斯·韦伯关于资本主义新教伦理的具有里程碑意义的发现也未能充分掌握。大学话语和资本主义话语都起源于一个逻辑序列，在其中科学知识（"已知的知识"）为维系资本主义剩余价值生产的工作理念提供根据。值得一再强调的是，在"资本主义革命"出现以前，人类活动无法被化约为劳动力并成为一种具有价值的商品，其原因是，用拉康的话说，"奴隶的劳动所构成的是一种未暴露的无意识"。(Lacan 2007b: 30)

　　因此，拉康对大学话语的批判可以合理地看作对这个特定的工作理念——它定义了资本主义关系的本质特征——的激进批判。在资本主义中，对工作的拜物教式抽象扭曲了人类与自然互动的方式，因为它建立在对互动进行无所不在的、倒错的价值化基础上。但是在它的基本运作中，情况相反，能指将意义的剩余引入等式当中，它拒绝被量化，因而与真理之间建立起了一种关系："这是工作开始的地方。它把知识当作获得快感的手段，结果具有意义、具有一种暧昧的意义的工作就出现了。这种暧昧的意义就是真理的意义。"(Lacan 2007b: 51) 在第十六期研讨班上，拉康已经就与无意识真理相遭遇所具有的创造性维度提出辩护，"在那里，'它意味着什么都没有'被置换成'它意味着'"。换句话说，拉康的真理指的是"在无意识当中我们把它当作知识的创造性失败来发问"的那个东西（参见 Lacan 2006b，1969 年 4 月 23 日的研讨班，重点为本书作者所加）。只有通过"抽象"这种危险的手法，"知道怎么做"所特有的本质属性才能被纳入价值当中。与大学话语一起，知识以及受其控制的工作已离开它们在大他者当中的位置，占领了驾驶座，上升到行动者的位置。正因为它们的"新暴政"（Lacan 2006b：32），知识和工作成为人类生活的抽象原则。

另一方面，人类活动本身又抗拒着抽象，也就是编码和等价化；它是不可译的。用阿兰卡·祖潘契的话来说："在工作（或劳动）状态中有些东西与享乐状态中的相同，也就是说，它基本上表现为熵、缺失，或者说作为表意过程的不可计算的剩余（副产品）。"（Zupančič 2006：162）在任何表意操作中——因而也就是在任何话语——都隐藏着真实界的本体论不透明性："通过工作所生产的一切——这里是就'生产'这个词的严格、充分的意义来说的——……将与这种知识携手共进，既然它是分裂的、是原初压抑的，既然它是分裂的而且没有人对其有一丝一毫的了解。"（Lacan 2007b：90）拉康对大学话语的严厉抨击，针对的是现代性对一个抽象的、全面价值化的世界沉默却完全有效的信仰，在这个世界里，"工作中的知识"被转化为价值并成为主导力量，知识被赋予价值并成为"发挥作用的知识"（knowledge that works）。知识（connaissance）的现代概念，以及与它相互交缠的工作概念，"是一种使生活在通往快感的道路，在某个界限之内暂停的手段"（Lacan 2007b：18）。换句话说，知识凭借本体论层次的缺口阻止主体体验到"快感这个小恶魔"，正是这个缺口将经验限定在其本身的偶然性深渊当中。

正是这种基本的神秘化操作推动了现代性及其工作理念，对此，拉康直接宣称："知识是快感的一种手段。"（Lacan 2007b：50）正如他所阐明的，在"工作中的知识"、"熵"与"快感"之间存在着逻辑关联：

> 当它（知识）工作时，它生产的是熵。这个熵，这个缺失的点，是唯一的点，也是我们得以接近快感本质的唯一常规的点。这是由能指对说话者的命运所产生的影响转化而来的、最终导致的结果，反过来也推动了这些影响。（Lacan 2007b：50—1）

上述引文巧妙地捕捉了掌握拉康精神分析话语批判维度的关键，这就是：能指网络的影响覆盖着世界的各个层面（话语、知识、知识型），不仅仅表现在，当它们开始工作时，它们决定了对我们的生活加以调节的意义，并且更为重要的是，它们同时创造了一个缺失，在意义的世界"打出了一个洞"。这个空洞就成了获得快感的一种手段，既然它允许我们接近不可译的多余，一种被体验为享乐的无意义，而这一多余与无意义"超越快乐原则"，驱动着我们的主观存在。面对这个作为意义的多余/欠缺的空洞，大学话语以及相伴随的资本主义试图将其转变为一个可数的实体。这种前所未有的改造行为将赋予所有资本主义抽象形式以合理性。

从我们的角度来看，关键是注意到，要对意义的剩余/缺失，也即快感的出现负责的恰恰是"工作中的知识"（语言、能指）。拉康对弗洛伊德的回归最主要的创新之处，可以说正在于他主张能指最先出现，并且因为这一最先登场，它带来了一种暧昧的双重性，并置之于我们主体经验的核心。每一次当我们试图通过能指来弄清楚事物的意义（既然我们也没有其他方法），我们同时也"生产"了作为"一种暧昧的意义"的快感，而它就是"真理的意义"（Lacan 2007b：51）。正是从这个角度，对资本主义工作的批判才能够得到表达，因为现代性话语倾向于废除人类活动、快感与真理之间的联系［这里是就"半说"[1] 这个词严格的拉康式意义而言的，因为"我们与真理之间并不是没有任何关系"（Lacan 2007b：58）］。这个主张可以用更简单的方式表达：什么是资本主义的价值化，如果它不是试图消除这种在人类与世界互动时发挥作用的不可知但又是实质性的享乐的话？并且，当工人成为价值时，他自然为证明在现代理性中发挥作用的特定的扭曲提供了进一步的证据："一旦一个更高的层次过去了，剩余快感就不再是剩余快感，而仅仅是作为一种价值，被刻写进不管它是何物、总是在持续积累着的总体当中，或者被从中扣除……工人仅仅是价值的单位。"（Lacan 2007b：80—1）

然而，所有这一切必然产生一个重大的后果。如果资本主义力图将社会关系的本体论局限性转变为其生产性的引擎，从而肯定了知识、工作与价值之间牢不可破的关系，那么，在拉康看来，这个局限性并未消失，这就是为什么我们即将遭遇爆胎。正因为价值企图殖民生活的每个方面，被剥夺就成了为进步所付出的代价。

一个名为进步的神话

从奴隶的身份中解放出来成为无产阶级，对于工人们来说并不只是进步了。相反，他们失去了自身位置的独特性，也就是他们所特有的、与剩余快感密切相关的知识，他们的"知道怎么做"。当拉康在四种话语理论中谈到无产阶级的作用与地位问题时，指出它属于"知识不再有任何重量"的地方。"无产阶级不仅仅是被剥削，他还被剥夺了知识的功能。所谓的奴隶解放，一如既往地带来其他的后果。它不仅仅是进步的，而且是以剥夺为代价的进步。"（Lacan

---

[1] 拉康认为，主体不可能完全讲出所有的东西，真理只能半说。为此他生造了"半说"（mi-dire）这个词，指只能说出一半。——译注

92　　2007b：149）这些失去重量的工人被剥夺了他们特有的知识，掌握拉康的这个观点，对于理解他的反资本主义立场，尤其是更普遍的他对抽象劳动的批判所具有的反资本主义潜能来说是至关重要的。随着资本主义的到来，"知道怎么做"变成了一种可买卖的商品，并服务于唯一的目的，这就是创造更多的金钱。拉康的论证非常微妙：前资本主义时代的主人对物品如何被制作一无所知（他仅仅是下达了命令并享受其他人的工作成果）[1]，新的主人则以侵略性知识的面目出现，这种知识被无休止地、无间隙地转化为工作，试图通过这种联系控制一切。然而，事实往往适得其反：恰恰因为对知识如何运用于生产一无所知，老的主人及其话语保留了附着在工作之上的剩余快感，这种过剩"在地下"发挥作用，而且不管多么虚幻，它仍然能通过幻象（其公式在主人话语的下半部分被复制再现）的方式获得。相反，突然地、强制性地将实质的剩余转换成剩余价值的行为则严重地扭曲了人类活动的意义，以至于它的熵的性质成为资本主义的生产引擎。

在大学话语中，行动者和大他者之间的关系发生了重要的变形。知识（科学知识）的行动者所言说的对象是填补了大他者位置的对象 a。不过，要强调的重点是，"工作中的知识"的剩余并不像在主人话语那里一样躲藏在 S_2 下面，相反它被明确地定位并获得认可。结果，已经在上层（意识）出现的欲望的对象（包含工人自身）变成了价值，也因此被剥夺了他们最根本的熵。最终，正是在这种关于对象 a 的"具有实质的否定性"的重要变形当中，我们能够定位拉康对维持着资本主义生产方式的社会关系的批判，这种生产方式建立在支配现代社会关系的抽象原则的实体化基础上。拉康所谴责的正是这种普遍的抽象，它决定了科学知识的霸权与形成大

---

[1]　"真正的主人，就像我们直到最近还经常看到的那样，根本不想知道任何事情，他只希望事情可行。不过这种情况现在越来越少了。"（Lacan 2007b：24）

他者表意网络的价值化欲望对象之间的和谐关系。从拉康的角度来看，危险在于，在这个充斥着直接对应了知识与工作的可数价值的宇宙中，将不再可能对社会关系本质上的结构不一致性加以定位。

尽管如此，正如预期的那样，对于拉康而言，并非所有的缺失都会消失，因为新的话语，就像其他话语一样，产生了一个根本不适合甚至威胁要破坏其运转良好的机制的剩余物。对我们的论述至关重要的是，大学话语的"对象剩余物"与处于极度偏离中心位置的主体本身（$）相吻合。主体出现在右下方，在产生出某物的地方，这个事实意味着它代表了由 S_2 与 a 之间的联系所产生的被否认的"无用的结果"，既包括现代世俗社会的病态主体，也包括被拉康本人称为底层无产阶级（sub-proletariat）的、被我们的地缘政治世界排斥在外的群众。在第十七期研讨班的一些最吸引人的段落中，拉康谈到了隔离、流氓无产阶级（lumpenproletariat）和羞耻感的产生，并指出体制正是在这些方面有可能遭遇失败。拉康的这些观点是意义重大的。例如，在前面提到的"文森斯的即兴演说"中，拉康批评叛逆的学生们，提醒他们注意，价值化过程支配着他们的生活，最终不仅产生了交换价值和财富，而且产生了与资本主义的议程相矛盾的无用的人力过剩。拉康揭开了笼罩着"兄弟情谊"这个在当时备受左派修辞推崇的概念的神秘面纱，他说：

> 我们倾尽全力来使大家成为兄弟，恰恰相当清楚地证明了我们并不是兄弟。即使是亲生兄弟，也没什么东西可以证明我们是他的兄弟——我们可能拥有完全相反的染色体。……我只知道兄弟情谊——我指的是人类的、毫无例外同根而生[1]的人类的兄弟情谊——的唯一来源是隔离。我们当然处在一个隔离

---

[1] 原文为拉丁文 humus（泥土），英文词根 hum- 就是从这里来的，所以 human（人类）本义是"泥土所造的"。——译注

的时代，唉！任何地方都不再有任何隔离，这种情况你在报纸
上是绝对看不到的。在社会中，……所存在的一切，首先当然
是兄弟情谊，都是建立在隔离的基础上的。（Lacan 2007b：114）

　　稍后他提出，对大学话语的颠覆不应该在传统的阶级斗争层面
来寻找，而要在这个公式的"另一边"，即羞耻感产生的地方，当
"学生并没有如他们所说的那样感受到兄弟情谊，他们不是无产阶
级而是流氓无产阶级的时候"（Lacan 2007b：190）。

　　因此我们得到了一个由大学话语所造成的特殊错位的最终画
面：当对象 a 变形成为商品并失去其熵质，因而成为可见之物时，
占据它的位置（表意过程的产品）的是处于适当的精神分析症状
中的主体，也就是物（thing），它无法融入符号秩序之中，因而有
效地谴责了符号秩序本身。被隔离者作为"不属于其中一部分的部
分"定义了批判的轮廓，批判的是为知识和工作试图将全部生活化
约为一系列抽象等式提供论证的话语。归根结底，有两个原因说明
大学话语公式下层的因素为我们理解资本主义危机提供了一把钥
94　匙：（1）$:生活的普遍价值化（确确实实的"资本主义乌托邦"）
使人民群众变得越来越多余（失业）；（2）S₁：主人能指占据了真
理的位置，从一个看不见的、看似不可侵犯的位置操纵着一切（这
里揭示了"市场的看不见的手"的真相）。

剩余价值的剩余：拉康与马克思

　　拉康坚持主张作为欠缺的过剩拥有实质性的地位，这一点至关
重要，尤其当我们要对资本主义危机加以概念化，以便找到一条出
路摆脱这种位于危机的脉动中心的生产方式时。那些试图从左派的
角度将拉康政治化的做法，往往无法正确理解拉康精神分析认识论

的本体论前提——任何社会关系都与体现了其本体论不一致性的熵的力比多过剩密不可分——的全部重要性。从这个角度，我们可以说左派的历史问题是它同样支持作为资本主义意识形态典型特征的对过剩的拜物教式价值化。拉康注意到，如果说马克思主义存在自相矛盾的地方，那就是它将工作视为既超越资本主义的范畴又被它们所过度决定。他明确警告说，从工人本身——无论是无产阶级还是当今信息社会的脑力劳动者——的视角内部发动的任何激进的、颠覆的反资本主义计划都注定失败，因为它们与资本主义一样把工作视为抽象价值。譬如，在《广播讲座》中，当讨论到"阶级斗争的意识形态"时，拉康暗示说，"它只会诱使被剥削者在剥削中进行原则上的竞争，以保证他们有权利参与到对享乐之欠缺（lack-in-enjoyment）的渴望当中"（Lacan 1970：87）。事实上，诸如进步、解放等左派范畴在大多数情况下都被置于那些定义了资本主义价值化的生产性参数内部来理解和运用。

　　不可否认的是，马克思主义在大多数的历史变体中，都倾向于将自己定位为以价值、抽象劳动和金钱的接受为基础的社会与政治话语中的一种。特别引人注目的是马克思主义对生产劳动的崇拜，这意味着左派对资本主义的全部主要的反抗实际上都是内在于资本主义的，因为它们都接受了资本主义的基本前提。可以说，它们倾向于忽视马克思对抽象劳动的批判，抽象劳动是与马克思在《政治经济学批判大纲》中所说的"特殊劳动"（Marx 1993：171—3）以及 10 年之后在《资本论》（Marx 1990：137）第一卷第二节中所说的"具体的有用的劳动"相对立的。[1] 然而，更重要的是，它们

95

---

[1] "一个物可以有用，而且是人类劳动产品，但不是商品。谁用自己的产品来满足自己的需要，他生产的虽然是使用价值，但不是商品。要生产商品，他不仅要生产使用价值，而且要为别人生产使用价值，即生产社会的使用价值。"（Marx 1990：131）（中译文参照《马克思恩格斯全集》第二版第 44 卷，第 54 页。——译注）

也忽略了马克思尽管反对资本主义条件下对劳动的抽象，最终仍然在生产性价值领域内界定和定位劳动的做法。同样地，马克思呼吁废除"工作"，这个主张在《德意志意识形态》的各个部分都产生了回响，但它并不一定意味着废除生产性的、价值化的工作，它们甚至被设想为"自由的人类活动"（参见 Arthur 1986）。那么，从我们的角度来看，马克思对劳动的二重性的深刻理解，只有当其批判的矛头同样指向马克思自己关于作为生产性价值的劳动概念的暧昧性时，才能有效地用来批判现代的工作观念。与此相反，既然抽象劳动不应该被看作一个非历史性的概念，被等同于人的能量单纯的消耗（既然劳动的抽象是由价值形式强加的），由此可见，被拉康称为"知道怎么做"的人类活动也不应该被看作总是对资本主义生产方式起作用而被抛弃。对我们来说，最重要的是强调，时至今日，尽管有证据表明资本主义价值化的失败，左派依然无法想象出一种不是建立在出卖劳动力（无论找到买家有多困难）的必要性之上的社会模式。而拉康把重点牢牢地放在作为表意操作过程之剩余物的人类活动的无价值维度，从而提醒我们，当积极价值化的资本主义战场由马克思主义者所接手时都存在哪些风险。事实上，拉康之所以对"真正存在的社会主义"持批评态度，正是因为他认识到它对工作的科学组织是建立在为资本主义提供原动力的同一个抽象价值化的原则上。[1]

拉康意识到，在一种允许自己从主人话语的支配性角色"放松"出来的社会关系中，"去工作"的指令是与"去知道"的指令相辅相成的，并且成为不可抗拒的命令："从人类诞生以来，工作

[1] 在第十七期研讨班上，拉康声称大学话语正坐在"通常被称为苏维埃社会主义共和国"的"驾驶座"上（Lacan 2007b：206）。他甚至更明确地说："并不是因为一个国家在社会主义的条件下将生产资料国有化，剩余价值就会被取消，如果人们不知道它是什么的话。"（Lacan 2007b：108）

从来没有获得过这种程度的信任。一个人甚至不可能不去工作……我说的是这种资本主义的变异，同时，它也赋予主人话语以资本主义的风格"（Lacan 2007b: 168）。在拉康看来，工作能够获得一种与资本主义的工作不同的地位，他在表明这个观点时间接提到了毛主义，尽管只是简短、尝试性地，却意义重大：

> 我不会冒险进入它，我只会小心翼翼地靠近，不过如果说 96
> 在名为毛主义的主题中，有什么东西让我印象深刻的话，应该
> 是它提到了体力劳动的知识。……对被剥削者的知识的重新强
> 调，在我看来具有非常深刻的结构上的积极性。问题是弄清楚
> 这是不是完全凭空想象出来的……在体力劳动的层面上"知道
> 怎么做"（know-how），这种能力是否足以成为颠覆性的因素？
> 对我来说，问题就这样产生了。（Lacan 2007b: 149）

从对抽象的批判角度出发，拉康对马克思的剩余价值概念也提出了质疑。他在这个概念中所看到的问题，归根结底是，它包含了两个完全无法兼容的术语（这就是为什么他决定用剩余快感替换剩余价值）：这里的剩余不能与价值重合；它过度决定了价值，因为确切地说它不能计算。相反地，马克思的剩余价值最终被资本主义的价值化所困住，因为剩余指的是从劳动力中榨取的价值。在详细阐述这一点之前，让我们提醒一下自己，在马克思那里，剩余价值来源于无偿的剩余劳动。以下是《资本论》第一卷中我们耳熟能详的一段：

> 在一个时期，工人只生产一个等于他的劳动力价值的价
> 值，因而只生产一个等价物。这样，资本家预付出劳动力的价
> 格，得到一个价格相等的产品。这就好像资本家是在市场上购

买现成的产品。而在剩余劳动期间，劳动力的利用为资本家创造出无须他付出代价的价值。他无偿地获得了劳动力的这种利用。在这个意义上，剩余劳动可以称为无酬劳动。

因此，资本不仅像亚当·斯密所说的那样，是对劳动的支配权。按其本质来说，它是对无酬劳动的支配权。一切剩余价值，无论它后来在利润、利息、地租等等哪种特殊形态上结晶起来，实质上都是无酬劳动时间的化身。资本自行增殖的秘密归结为资本对别人的一定数量的无酬劳动的支配权。[1]（Marx 1990：671—2）

因此，剩余价值来自对一定数量的、超出被购买的劳动力部分的劳动的占有。为了得到无论哪种形式的剩余价值，资本家总是将他并未支付的一定数量的劳动转化为价值："半个工作日没有花费资本分文；也就是说，资本没有付出任何等价物就得到一个价值。"[2]（Marx 1993：324）资本的自行增殖所要求的正是从工人的劳动力那里获取剩余价值：

97
　　　　资本主义生产不仅是商品的生产，它实质上是剩余价值的生产。工人不是为自己生产，而是为资本生产。因此，工人单是进行生产已经不够了。他必须生产剩余价值。只有为资本家生产剩余价值或者为资本的自行增殖服务的工人，才是生产工人。[3]（Marx 1990：644）

在同一段中，马克思非常明确地指出："所以，成为生产工人

---

[1]　中译文参照《马克思恩格斯全集》第二版第44卷，第611页。——译注
[2]　中译文参照《马克思恩格斯全集》第二版第30卷，第285页。——译注
[3]　中译文参照《马克思恩格斯全集》第二版第44卷，第582页。——译注

不是一种幸福，而是一种不幸。"[1]（Marx 1990：644）

在这个方面，与之前的资产阶级政治经济学家（亚当·斯密、大卫·李嘉图等）相比，马克思所取得的重大进展，体现在他对于特殊形态的商品（即劳动力）能够将货币转化为资本的深刻认识。正是这一洞见使我们能将马克思与拉康联系起来。作为对早期所思考的，尤其是在《1844 年经济学哲学手稿》中所提出的一个主题的回应，在《政治经济学批判大纲》中，马克思将劳动力定义为以"潜在性"存在的东西，它是工人的"生命力"，是他作为人类存在的劳动能力[2]（Marx 1993：267）。他非常明确地指出，对劳动力的占有本质上意味着资本家所支付的是劳动本身的数量而非质量，换句话说，他们所支付的绝非作为一个无法衡量的实体的劳动，因为"劳动是作为劳动的那种劳动"[3]（Marx 1993：359）。这种求助于同义反复的行为具有症状的意义，它表明劳动只能通过"劳动"这个能指来定义，从而突显了由该术语所指称的偶然的、无法衡量的剩余。[4]因此，工人被迫献给资本家的劳动力除了劳动内在固有的、不可衡量的"创造力"[5]（Marx 1993：307）之外别无其他。如果是这样，那么，"资本的伟大的历史方面就是创造这种剩余劳动，即从单纯使用价值的观点，从单纯生存的观点来看的多余劳动"。[6]（Marx 1993：325）我们应该把它与拉康的剩余放在一起考虑，在被转化为价值之前，它体现了与人类活动本身不可分割的一种暧昧的

---

[1] 中译文参照《马克思恩格斯全集》第二版第 44 卷，第 582 页。——译注
[2] 中译文参照《马克思恩格斯全集》第二版第 30 卷，第 251 页。——译注
[3] 中译文参照《马克思恩格斯全集》第二版第 30 卷，第 327 页。——译注
[4] 正如齐泽克所说，同义反复并不表示它没有能力解释给定对象的确切属性，而是"宣布了一个奇迹，在普通对象与绝对大写物之间存在着脆弱的一致性"（Žižek 2012：775）。换句话说，同义反复使我们能够在没有足够能指的情况下辨别出意义的过剩。
[5] 中译文参照《马克思恩格斯全集》第二版第 30 卷，第 266 页。——译注
[6] 中译文参照《马克思恩格斯全集》第二版第 30 卷，第 286 页。——译注

熵质。

资本向工人灌输持续过度生产的欲望，并迫使他们数世纪以来一直认同一种根植于自身被占有的剩余劳动的勤劳精神，我们有必要将资本所拥有的这种能力与剩余这种熵的力比多的精神分析本体论联系起来。在第十六和第十七期研讨班上，拉康指出剩余价值与剩余快感之间的同源性，并得出这个决定性的结论。这里我们的论点是，作为剩余价值的直接原因，马克思的剩余劳动本身已经与拉康的剩余快感密切相关，因为它不仅指工人的无酬劳动时间，而且还涉及工作本身不可计算的性质。马克思没有进一步发展这个观点，这与他的历史星丛模式是一致的。相反，他专注于剩余劳动时间，将其概念化，认为它有可能与剩余价值相分离并且可以直接提供给工人，而在共产主义社会中，工人将利用这种剩余劳动时间来造福整个社会。从拉康的角度来看，马克思这种将工作最终"化约"为劳动时间的做法，相当于将工作本身与其真实的维度剥离开来。在某种程度上，正如预期的那样，这是以普遍的抽象为基础的资本主义话语所进行的操作。与之相反，拉康建议，在剩余价值——位于资本主义价值化核心的看不见的涡轮机——的根源问题上，与其把它看作无酬劳动时间所产生的额外价值，不如将它与作为"工作中的知识"的人类劳动不可量化的内在属性联系起来。如果市场上的自由劳动者所提供的劳动力，正如马克思所说，"只是作为他的身体的才能、能力而存在"，并且"在身体之外是不存在的"[1]（Marx 1993：282），那么它恰恰是一种无形的、内在的熵的能力，应该把它与快感的真实界联系起来。

这里我们要进一步发展的观点是，资本主义作为一种综合性的经济和社会制度，它在历史上所获得的成功归根结底取决于从剩余

---

[1]　中译文参照《马克思恩格斯全集》第二版第 30 卷，第 242 页。——译注

快感到剩余价值的视差转换（parallax shift）——这个概念因为齐泽克的使用幸运地流行了起来[1]。被我们认知为价值的东西起源于人类存在核心的实质性欠缺，从欠缺当中产生了对象 a，而对象 a 这一特殊的事物能拥有成为欲望的对象–原因的宝贵地位也完全归功于这个欠缺：

> 关于对象小 a，应该始终牢记的第一件事是，我们正在打交道的是一个既构成自身又构成了它的对立 / 异化的概念，就像拉康的其他诸多概念一样。对象 a 既是纯粹的欠缺，是欲望围绕其转动、因此由其所引发的空白，同时又是掩盖这一空白、填满它从而使它变得不可见的因素。当然，关键在于如果没有填充它的因素，欠缺也就不存在了，填充物维持了它所掩饰的内容。（Žižek 1994：178）

因此我们必须记住，在确定剩余价值［更多的价值（plus-value）］与剩余享乐［更多的快感（plus-de-jouir）］之间的同源性后，拉康利用后者对前者进行去神秘化并重新配置。在"更多的快感"（plus-de-jouir）这个用法中，他利用了法语 plus 的歧义性，它同时表示多余（过度、过多）与欠缺（享乐的中断或放弃）。资本主义对这个本体论欠缺的价值化对应着一种前所未有的尝试，这就是在我们可称之为循环再生行为的基础上构建一种社会秩序，因为资本主义正是通过将剩余快感无形地转化为价值从而实现了它的目标。

---

[1] 简而言之，拉康声称，被资本家转变为剩余价值的无偿剩余劳动与剩余快感是同源的。他断言马克思的"剩余价值"（Mehrwert）实际上是"剩余的欲望"（Mehrlust），目的正是在快感的真实界中定位剩余价值的根基。用精神分析的术语来说，剩余价值与剩余快感具有同源性，因为它代表了对工作的熵剩余的一种特殊的价值化。

> 在历史的某个时刻，主人话语发生了一些变化。我们不会去拼命弄清楚变化是否由路德、加尔文，或热那亚附近、地中海或其他什么地方的某些我们不知道的船舶交通所引起，因为重要的是某一天剩余快感变成可以计算、可以被计数汇总的东西。这就是所谓的资本积累开始的地方。（Lacan 2007b：177—8）

拉康继续说，突然之间，"我们进入了价值的领域"。而且，"从那一刻开始，正因为早已被无能的阴云所笼罩，主人能指只会显得更加无懈可击。……它在哪里？怎么命名？怎么定位？当然只能根据它的杀气腾腾的影响来判断。那么，谴责帝国主义？但这一小小的机制怎样才能被停止呢？"（Lacan 2007b：177—8）

危机与人力剩余

因此，在拉康看来，剩余绝对不能被还原为价值，它在两个方面表现为熵：首先，在具体的历史方面，它作为资本主义动力的人力过剩，是资本主义意识形态特殊的拜物教式扭曲的结果；其次，在更基本的形式层面，它作为剩余快感（plus-de-jouir），是任何话语的本体论僵局。这个过剩与缺失并存，它被资本主义所劫持并"穿上了性感的外衣"；因此，它成了马克思所精确命名的商品拜物教的核心引擎。

拉康的分析似乎证实了马克思在《资本论》第三卷中所提出的众所周知的论点，即资本主义的最终限制在于资本本身（这是因为，简单地说，生产力的发展最终将导致利润率下降）。这里的论证相当直接：从一开始失去的东西（剩余快感）在价值化过程中并没有消失，而是以一大群被排斥在外的主体的形式回归，它们的地位将破坏资本主义的生产方式本身。正如我们已经看到的，拉康确认了现代性与进步的最具破坏性的矛盾中的一种，这就是隔离（segregation）。他用"隔离"一词来指称用完即可丢弃的、多余的、"无用的"人力剩余。我们认为，隔离在今天的准确名称是"无法阻止的失业"。在这里，我们应该对拉康的资本主义话语所产生的对象 a 增加第二条重要的解释。虽然说把 a 称作剩余价值是正确的，但与此同时，就像当前的危机强有力地证实的那样，资本主义有效生产的东西不仅仅是失业，而是把人彻底排斥在工作之外的条件，这将威胁到社会的根基。最终，资本主义社会关系中令人不安的"失落了的对象"所对应的是由于无法在资本主义驱力与剩余价值之间成功建立联系而产生的流离失所的人类。

　　至关重要是要坚持主张，拉康的剩余快感理论是对剩余价值的一种视差说明，它的作用是对工作进行批判，这是一项在当今资本主义危机背景下尤其紧迫的工作。正如预期的那样，我们对这场危机的看法揭示了在剩余劳动的不断增长导致全球资本逐步减少的条件下资本主义的历史局限性及其破坏性的矛盾，因为资本主义的价值化过程与对劳动力的剥削是系统地联系在一起的。一个看似矛盾却完全真实的情况是，几个世纪以来的技术发展一直都是资本主义积累背后的巨大动力，但同时又成为资本主义危机的致命先兆。科学的发展（大学话语！）允许资本家提高生产力以追求利润的最大化，但与此同时，它又使劳动力可以为机器所取代从而越来越过剩。今天资本主义和自由民主的倡导者似乎忽视了马克思主义的一个洞见，即机器无法依靠自身创造出新的价值。相反，只有"活生生"的人类劳动才能创造利润。我们今天所经历的是一个荒谬的意识形态情境，也就是说，虽然在生产力方面工资工作越来越失去其必要性，但同时，它又被看作人类唯一拥有的社会调解形式。

　　从历史上看，我们把 20 世纪 70 年代的滞胀、新自由主义与金

101   融业的诞生以及今天的经济危机视作一个逻辑的序列，其中每一个阶段都只不过是前一个阶段的后果：针对决定了 20 世纪 70 年代滞胀的福特主义生产体系危机，给出的解决办法是经济的金融化，其目的是通过创造虚构的剩余价值来掩盖真实的经济增长的危机。当投机的泡沫在 2008 年破灭，该体系再次面临严峻的价值增殖危机，它只好绝望地再一次求助于金融业的魔法，除此之外别无其他出路。所有这一切都说明了，我们比以往任何时候都更接近资本主义那不可逾越的历史限制，因为提高生产力与创造人力剩余之间的关系在资本主义条件下已经变得倒错，并因此阻碍了经济的增长，拉康早在 30 多年前就对此做出了恰当的论述。

一方面我们提出了一种解读当前危机的方法，它强调资本主义倾向于取代人类劳动，尤其是向微电子和数字化的转向及其所促成的所谓"第三次工业革命"极大地加剧了这一倾向，同时我们也已经分析了拉康的深刻见解，他认为工作在资本主义社会的式微根源于熵的劳动力的价值化。既然在资本主义条件下，只有人类劳动能创造剩余价值，那么导致劳动力日益过剩的资本主义驱力只会加速危机的进程，使其达到一个不可收拾的地步。拉康让我们认识到，资本主义的主要矛盾是剩余劳动的创造问题，它将妨碍价值化并威胁到资本主义制度本身，而矛盾的根源在于资本主义对劳动力的原初抽象。正如我们所看到的，拉康始终认为，从前资本主义时代到资本主义时代的转变，是建立在试图对作为人类活动的工作或者就其普遍化的表意功能来说作为"知道怎么做"的工作内在固有的、本体论的剩余进行拦截、内化和再投资等行为的基础上的。拉康告诉我们，工作，就其最深刻的内涵来说，是作为欠缺的剩余的一项功能。因此，如果说资本主义乌托邦是将所有剩余转化为价值，使每个人都投入工作当中，那么今天我们知道了一件事：这样做是行不通的。

第五章　阿甘本的弥赛亚主义，或，
　　　　　为辩证法所困扰

最后一章的目的是集中处理在我们看来代表了当代批判理论与资本主义危机之间关系的僵局。吉奥乔·阿甘本将为我们提供一个恰当的例子，因为，借用阿尔弗雷德·希区柯克的一部著名电影《为哈里所困扰》(*Trouble with Harry*, 1955)[1]的说法，我们可以把阿甘本危机理论的特征说成是"为辩证法所困扰"(trouble with the dialectic)。首先让我们回顾一下《为哈里所困扰》中闪现的精神分析的智慧：尽管电影中各式人物做出了诸多努力，但哈里的尸体就是没有消失，这就意味着它具有一种悖论般的生命力，其强度甚至超过试图掩盖其存在的那些人物。我们的论证将以这样一个假设为中心：尽管阿甘本努力将辩证法作为一具理论上的死尸来处理，但它却成功回归、时常出没，而且还成为能够赋予阿甘本思想真正政治分量的唯一概念。另外，我们将通过对比为雅克·拉康的辩证研究方法提供依据的否定本体论，来描绘阿甘本哲学的总体前提，以便展开进一步的论证。我们认为，这样比较的好处在于揭示两种截然不同且根本不可调和的批判哲学立场，它们凸显了一个与我们今

103

---

[1]　一般译为《哈里的麻烦》《怪尸案》等，为避免歧义和方便理解下文，这里采用直译。——译注

天如何处理资本主义危机相关的基本政治问题。在我们的探讨中始终关注的是在应对我们正在经历的这场重大危机时辩证思维的相关性问题，这一点在第三章中已经有所提及。斯拉沃热·齐泽克开创性地将辩证唯物主义重塑为一个彻底的黑格尔的概念（Žižek 2012），受其启发，我们认为至关重要的是在辩证过程中重新定义否定性，将其视为本体论的、具体对抗的。简单地说，作为对抗的否定性不仅是辩证的、本体论的，而且是唯物主义的。所有对黑格尔辩证法的唯物主义重构，无一例外地取消了黑格尔"绝对理念"的中心地位，以其历史对应物（无产阶级及其阶级意识）取而代之，但这样做说明它们仍然受到自以为正在清除的唯心主义偏见的影响。格奥尔格·卢卡奇的《历史与阶级意识》（*History and Class Consciousness*，1923）可能是这些唯物主义"反转"中最复杂的一项，它刚好证明，唯心主义的偏见就体现在以一种主观主义和"生产主义"的思路，定位那些重新占有了自身活动异化的客观实质的历史行动者（无产阶级）的角色。具有讽刺意味的是，试图摆脱黑格尔的理念第一性的做法却重复了被归咎于黑格尔的那个错误：无产阶级实际上成了扬弃其异化实质的"绝对"主体。[1] 在这里要问一个简单的（黑格尔式的）辩证问题：这个特权主体从何而来？什么样的历史决定论能够产生这样一个主体？

　　正如我们希望在这一章里阐明的，摆脱这个僵局的第一步是拒绝将黑格尔的辩证法解读为一个主观主义的而且本质上是极权主义的、"吞噬"了所有的矛盾并以和解告终的过程。相反地，我们应该坚决主张黑格尔的主体是与客观的实质紧密相连的，而后者实际上是自我分裂的，以一种本体论的断裂作为自身的标志，因此无法成为一个积极的整体。而且，既然实质并不是主体活动的产物，同

---

[1]　在这个问题上，阿多诺对卢卡奇的批评一针见血（参见 Adorno 1973：190—1）。

样我们也应该断言，主体并不仅仅是实质的产物。这两种误解都忽略了黑格尔最主要的辩证法洞见，而且拉康完全赞同这个观点，这就是：为实质和主体"打孔"并提供一根链条将它们联系在一起的恰恰是本体论的欠缺。主体和实质受到同样的结构不一致性的辩证调解，它们因此有各自的表象，这些表象反过来又构成了它们的社会历史内容。当然，对于辩证唯物主义而言，主体是在实质之后出现的。不过，这里要注意避免两个常见的错误。首先，我们应该注意不要将实质看作"太一"（One），看作存在的正面，因为辩证法的出发点恰恰是实质在本体论层次的未完成，它不可能获得任何一种完全一致的积极性。其次，主体不像拼图的最后一块，它并不是填充实质的内部空洞的元素；相反，它其实是使实质不完整的那个对抗的另一个名称。这就是为什么我们说危机是本体论的，它指出了实质与主体在根本不一致方面的重叠。这意味着我们永远无法摆脱这个无法弥合的缺口或者说内在的对抗，因为这个缺口或对抗是我们与实质本身的共同点，或者更确切地说，是使我们成为实质的一部分的东西。意义，以及它所带来的积极性表象，是从存在的本体论断裂中必然产生的假象。辩证过程的一部分恰恰指明了主体所做的这种必要的尝试，赋予它本身以及与之相互作用的世界以积极意义。然而，否定性对于辩证唯物主义仍然是核心的、不可化约的，因为它体现了在每一个虚幻的／虚构的积极性中顽强坚持的本体论裂缝。

　　毋庸置疑，否定性在既定现状下既具有破坏性又具有创造性，这一点在辩证唯物主义中具有至关重要的意义。阿兰·巴迪欧曾经简明扼要地说："当政治行动的逻辑框架属于经典的辩证类型时，最根本的就是否定。"不过，这个基本的表述并不必然意指我们所支持的否定性本体论。事实上，巴迪欧本人就提出，今天，如果我们要成功地反对资本主义，就必须放弃对革命形势下否定的首要性

105

的忠诚。他认为我们需要的既不是阿多诺的超否定辩证法（hyper-negative dialectics），也不是阿尔都塞或奈格里对黑格尔方法的否定性所做的肯定性转向，而是"一种使传统辩证逻辑在自身内部反转的方式，以便在否定之前而不是之后得出肯定或者说积极的命题"（Badiou 2013）。我们都知道，巴迪欧将这个打破既定秩序的肯定时刻的出现命名为"事件"。虽然事件不会取消由否定性所推动的颠覆策略的必要性，但它本身就代表了一种非辩证的和肯定的政治潜能，因而有机会触发一套全新的社会符号关系（一个新的"真理程序"）。显然，对于巴迪欧来说，否定性只是辩证法的一个时刻，而不是它的出发点和构成要素。

　　对阿甘本思想的拉康式探讨，使我们能够评估我们是否可能对当前困境加以肯定的、非辩证的回应，以及我们可能在多大程度上对仍然牢固地建立在辩证方法论基础之上的危机本体论加以利用。将阿甘本与拉康放在一起形成对抗，意味着当我们步入资本主义历史星丛的没落期时承担起选择的重担，这个选择关系着在当下与未来将如何解决当前面临的紧迫问题。根据阿甘本的观点，摆在我们面前的是一个双重情境：一方面是现代理性的灾难性堕落，另一方面是其弥赛亚式补充。他认为西方文明计划的虚无主义结果为实现本体论转变提供了一个伟大的历史机遇，这将为建立一个彻底摆脱主权原则或者说认同与排斥的压抑性强迫机制的新的共同体奠定基础。另一方面，根据拉康的观点，这个情境是在"灾难"一词出现之前就已存在的灾难，因为他的元心理学的"回归弗洛伊德"，其基础是承认压抑（符号的阉割）产生分裂这一不可逃脱的必然性是"人之为人"（being human）的本体论分量的重要构成部分。正如拉康在其 1960 年的名篇《主体的颠覆与弗洛伊德无意识中的欲望的辩证法》的结尾处所说的："阉割意味着快感必须被拒绝，以便在与欲望法则相反的层面上得到它。"（Lacan 2006a：700）符号的阉割使我们在大他者中被异化，因而不可能得到完全的快感，但是通过将符号的阉割内在化，我们引入了能指（语言）的法则，它为我们重新开启获得快感的可能性，它体现在难以言表的欲望的对象-原因身上。由符号的阉割所建立起来的主体因此被迫体验与能指所带来的欠缺密不可分的快感。

阿甘本的生命政治本体论建立在生命之形式（form-of-life，forma-di-vita）[1]固有的潜能之上，这种生命之形式本身抵制辩证的调解，因此明确阿甘本的生命政治本体论与拉康的同时既是辩证的又是否定的本体论之间的差距就成了本章最重要的目标。有些研究把对主权权力的批判与对诸如"权利"和"代表"（参见 Agamben 1998 and 2005）等传统政治概念的拒绝这两者之间的重叠看作阿甘本思想真正的主旨，也是其持续受到欢迎的原因，[2]在我们看来这样的讨论始终没有落实到它的理论根源，而这就是阿甘本对辩证法的最终摒弃。[3]因此我们认为阿甘本的哲学代表了一种典型的立场，由此出发，我们可以看清贯穿后马克思主义批判思想主流的各种反辩证法观点的令人难以信服之处，无论这些观点是来自西奥多·阿多诺这样的坚定的辩证法大家所开创的批判理论传统，还是来自米歇尔·福柯开始、吉尔·德勒兹和费利克斯·瓜塔里所延续的生命政治传统，或者是今天最经常与阿兰·巴迪欧的思想联系起来的事件政治哲学。我们认为，阿甘本的立场与批判理论的当代发展趋势

---

[1] 阿甘本使用生命之形式（form-of-life，forma-di-vita）的用法，以区别于数目众多的生命形式（forms of life），这是一种永远不能与其形式相分离的生命，也就绝无可能从中剥离出类似赤裸生命这种东西。——译注

[2] 关于阿甘本对与现代性紧密相关的主权的拒绝，罗纳德·詹宁斯发表过相当睿智且影响深远的批评（参见 Jennings 2011）。

[3] 亚历克斯·默里（Alex Murray 2010: 33—6）和勒兰·德·拉·杜兰塔耶（Leland de la Durantaye 2009: 81—120）的确强调了阿甘本对辩证法的批判，但他们是通过与那些把黑格尔的辩证法视为一部贪婪的"机器"，来阐述阿甘本的批判的，其最终的功能是消除所有的差异并和矛盾的传统做法进行对比。

一致，其中最重要的问题是它拒绝了拉康所赞同的辩证本体论。这
一拒绝在阿甘本的弥赛亚立场中最为发人深省，众所周知，弥赛亚
立场作为阿甘本全部博学的、以多种语言呈现的作品的特征，是建
立在他对西方政治传统的彻底摒弃基础之上的。[1]

107   接下来，我们将质疑阿甘本对一种本质上非辩证的研究方法的
依赖，我们相信这种依赖严重阻碍了阿甘本思想的进一步发展。首
先我们主要关注阿甘本在开始哲学冒险之旅时所提出的语言理论，
这样我们能够将它与拉康的语言理论进行比较，同时探索阿甘本哲
学的根源。正如第三章所详细阐述的，拉康的能指理论断言能指
优于所指，但只有在能指被看作"本身并不具有字面意义"（Lacan
1997：199）时才成立，换句话说，只有在能指被看作完全异类的
物质性类型，即字母的物质性的情况下才成立。能指所显示的最终
是一种辩证逻辑，根据这种逻辑意义是通过语言在物质层面的根本
不一致性而产生的，因此辩证逻辑仍然是任何意义的核心。同样
地，正如我们所说的，危机只不过是"人之为人"的本体论前提。
用特定的拉康术语来说，（符号的）阉割以及其中所刻写的危机所
挥出的"重击"赋予我们特征，并且影响着我们的全部存在，只有
这样我们才有机会获得意义。

阿甘本理论中的欠缺与充实

阿甘本的政治哲学立场充分有资格成为看似自相矛盾的"乐
观悲观主义"的一个例子，以下他所说的话清楚地表明了这一
点："我生活的社会中各种绝对绝望的事态让我感到充满希望"
（Agamben 1999a：10），这个表述来自居伊·德波（Guy Debord）

---

[1] 针对阿甘本的弥赛亚主义的批判性分析，参见马修·夏普的《只有阿甘本能拯
　　救我们？当前批判理论的弥赛亚转向批判》一文（Sharpe 2009）。

对马克思的引用。分享这样一种强大的马克思主义立场，对于阿甘本来说，意味着欣然接受这样的世界愿景，在这个世界里，新事物的开始并不意味着与旧事物之间的本体论断裂，而恰恰是旧事物所隐含预设的登场。在第一本著作《无内容的人》（基本上是一本尼采主义的书，其中反思艺术的目的是介绍作者的弥赛亚历史哲学）的结论中，阿甘本已经声称西方文明的灾难性结果包含了自身的救赎：我们需要做的"全部工作"就是从人类的存在中减去必须服从于一个目标的"至高无上"的假设。借鉴了瓦尔特·本雅明对卡夫卡的解读，阿甘本认为：

> 目标已在眼前，但没有到达目标的通路，既然如此，对于已经无力获取自身历史空间的人来说，能够赋予他以行动和认识的具体空间的，就只有那位尽管姗姗来迟，却永不放弃的信使，而这位信使传递的消息内容就是传递任务本身。（Agamben 1999b: 114）[1]

108

工具理性在历史上的逐步堕落在此不动声色地变成了弥赛亚的愿景，而绝不是呈现为令人无法忍受的辩证的断裂点（拉康的快感的真实界）。正如我们已经指出的，今天最重要的拉康式问题是：我们能否设想并建立起新的主人能指，它能够使我们与意义之间的关系无论从形式还是内容上都发生根本性改变，从而产生一个完全不同的大他者？这肯定不是阿甘本所提的问题，因为支撑他的批判工作的是主体与客体的"生存的（生命政治）联合体"[living（biopolitical）unity]这个有点神秘的形象。如果阿甘本的思想中有对辩证法的任何关注，那么它总是根据定义被重新吸收进一种实

---

[1]　译文参考阿甘本：《没有内容的人：忧郁的天使》，杜可柯译，《艺术时代》第38期，2014年7月。——译注

体本体论（substantial ontology）中，后者特殊的"悬而未决"状态并不影响它对惰性的积极性或者说对不可分割状态的依赖。沿着这些思路，阿甘本的"享乐"概念与拉康的"快感"概念几乎没有关系，由阉割以及随之而来的令人不安的失衡所导致的分裂（压抑、排斥、异化）使拉康的快感得以可能，与之相反，阿甘本的"享乐"概念则意味着摆脱了这些分裂而达到的生活的充实。阿甘本的弥赛亚愿景包含了"一个旨在完全享受世俗生活的政治共同体"（Agamben 2000：114，着重点为本书作者所加）。

阿甘本与批判理论的结合

从阿甘本最早的著作，尤其是《婴儿期与历史》（*Infancy and History*）[1]可以看出，其哲学思想是对瓦尔特·本雅明哲学的继承与激进化；更广泛地说，它赞同法兰克福学派对现代工具理性的范式批判（尤其参见 Adorno and Horkheimer 1997），从中提取引发这一批判的弥赛亚/乌托邦"火花"，并予以充分的认同。在这方面，阿甘本继承了如"法兰克福学派"类型的批判理论最具原创性的、持久的灵感，尤其是当我们考虑到两者的理论核心都是对自古以来西方理性的异化特征的全面解剖与坚决拒斥这一点的话。但是，尽管很难否认这种批判的现实性，对于从阿甘本的现代理性批判中产生的似乎毫无希望的前景，我们却需要问一个问题：批判的出发点和立场是什么？我们认为关键是要强调，在阿甘本的哲学和批判理

---

[1] "婴儿期"（infancy）是阿甘本理论的一个关键词，亦译为"幼年"，如该书中译本就译为"幼年与历史"。但不能从时间上理解这个概念，它指的是一种无言的状态，即我们处于语言中，但面对的是一种无法言说的情形，因此是一种遭遇不可言说之世界的状态。infancy 来自拉丁语，词根 in- 表示"不"，fans 表示"说话"，因而 infancy 本意就是"不会或者不愿意说话"。阿甘本有时也将 infancy 拆为 in-fancy，另有"在幻想之中"的意思。——译注

论的传统中，世界是如何因为被置于批判对象之外的非异化和去异化（non- or dis-alienated）因素的存在而显得异化。对西方理性的这种糟糕的评价最终取决于一个乌托邦或弥赛亚的"消失点"，它因此是产生这一评价（或多或少秘密）的原因。[1] 与阿多诺和本雅明的乌托邦观点不同，在阿甘本的哲学中，乌托邦获得了具体的、实质的规定，尽管如此，它仍然与法兰克福学派的立场一样具有以下两个最主要的特征：第一是它的非异化性；其次是它的与感官体验相关的物质／现象学维度。对早期的批判理论以及阿甘本而言，我们只有通过解救作为"对意识所无法消解之物的体验"（Adorno 1993：86）的客观性内核，才能在西方思想的工具性"铁笼子"中反抗其极权主义的维度。尽管阿多诺认为自己是一位辩证主义者，极力主张一种围绕矛盾和非同一性的持久意义这个主题展开阐述的否定辩证法，但他未能意识到他的这个辩证体系的批判性质在多大程度上取决于对一个外部的、无法使之辩证的（non-dialecticizable）乌托邦目标——不管这样的乌托邦注定多么"不可能"——的参照。在阿多诺的理论中，乌托邦的锚点位于一个永远无法抵达的弥赛亚未来，在那里和解（reconciliation）以及随之而来的异化的消除与一种多少"被增强的"、完全不同的同一性类型同时发生，但是这种同一性除了有可能落入同一性思维陷阱的风险之外再无其他限定（参见 Adorno 1973：149）。阿多诺提出了非同一性消失点的概念，这个概念尽管含糊笼统而且严格来说是无法再现的，但却发挥了作为其批判任务（对工具理性的批判）的被否认的引擎的功能，激发了他大部分的写作，同时它对于整个批判理论的伦理政治事业来说也是至关重要的。换句话说，在这里，和解不是辩证调解工作的最终结果（正如人们在谈到黑格尔的辩证法时可能犯的错误一样），

[1]　这一点在法比奥·维吉的《批判理论与电影》一书中有详细阐述（参见 Vighi 2012：8—18）。

而是它的起源和隐藏的前提。此外，阿多诺的否定辩证法还根源于他的经验观，他把经验看作要么属于艺术领域，要么属于具体而（对于辩证主义者来说）又极其可疑的身体的愉悦体验。

在这里我们的观点是，阿甘本将阿多诺思想的两个基本哲学坐标进一步激进化了，其中一个是对工具理性的异化／排斥逻辑进行强烈批判的否定辩证法，另一个是主体实现了与客体激进的他者性相结合的乌托邦／弥赛亚时刻。正如我们所预料的，两个坐标的对立所隐含的批判逻辑在后来大多数批判理论，直至其后现代变体"文化研究"那里都产生了普遍的回响。在将阿多诺的二元对立激进化时，阿甘本明确地把和解置于其思想的核心位置，视之为解放的维度，在其中，异化的理性以一种最终摆脱了一切目的、非异化的"生命之形式"满足了自身的预设。因此，阿甘本对法兰克福学派加以更新的方式其实是认识论转型的征兆，而这种转型并没有挑战以下观点的本体论基础：在保持对上述两个坐标的信任的同时，阿甘本拒绝了阿多诺对一种超出理性把握范围的客观他者性的重要参照，而是把这种他者性重塑为理性自身的模仿的以及完全可行的预设。为了说明阿甘本对理性与弥赛亚乌托邦之间关系的理解，我们将以《婴儿期与历史》为例，考察其中一些具有启发性的段落，在这部著作中，阿甘本明确地表达了对辩证法的反对。以此为起点，我们将围绕阿甘本的弥赛亚主义展开论证，他在最近多本著作中阐述了这个问题。

经验的绝境

在《婴儿期与历史》中，阿甘本复制了法兰克福学派的悲观主义，断言工具理性无处不在，以至于现代主体已经不再能够获得任何经验。阿甘本升级了本雅明对现代"经验贫困"的谴责

（Benjamin 1999：731—6），声称我们萎靡不振的一个明显迹象就是经验的毁坏（destruction）。在一段很容易被误认为是阿多诺或本雅明所写的文字中，阿甘本指出："现代人的日常生活中再也没有可以转化为经验的东西了。……现代人晚上走在回家的路上，因为一堆乱七八糟的事情而疲惫不堪，但无论这些事情是有趣还是乏味，是不同寻常还是司空见惯，是令人痛苦还是令人愉快，它们都不会成为经验。"（Agamben 2007：15—16）不过，到底什么是经验呢？

　　我们应该立即承认，在本质上，"经验的缺失"这个历史化的概念与拉康的"快感的缺失"概念属于同一种批评范畴。在拉康后期的享乐理论中肯定存在着一个重大的历史主义转向。正如我们前面所说，在第十六和第十七期研讨班中（1969—1971），拉康通过引入四种话语，推动了快感的历史化，其意图显然是为了谴责资本主义赖以存在的社会关系的有害影响。对于拉康而言，在他所谓的现代性的大学话语这个更广泛的诡计当中，资本主义所特有的诡计在于使快感具有结构性意义的否定性——照字面意思来讲，就是它作为熵的废弃物（entropic waste）的地位——通过商品形式被价值化从而变得越来越不可得。就像拉康的快感一样，阿甘本所捍卫的"经验"，所涉及的也是实际经验悖论式地收缩到只有一个维度，一个完全无动于衷地抗拒任何系统化知识的维度。现代生活中虽然充满了各种具体的经验，但工具理性逐渐侵蚀着作为与生命本身最基本的无作性（inoperativity）[1]相遭遇的经验。例如，

111

---

[1] 无作（意大利文为 inoperosità，英语译为 inoperativeness），字面意思是"不运作""不起作用"。阿甘本在《什么是创造行为》（"What Is the Act of Creation？", in Agamben, *Creation and Anarchy：The Work of Art and the Religion of Capitalism*, Stanford University Press，2019，pp.14—28）中提到马列维奇的小册子《作为人的实在真理的无作》，指出马列维奇把"无作"看作"人性的最高形式"。该词成为阿甘本思想的一个重要概念，在《王国与荣耀》《最高的贫困》《剩余的时间》和《身体之用》中不断出现。亦译为"非作""去功用化""安息"等。——译注

在《无目的的手段》中，阿甘本把这种无作状态称为"不工作"（argos，being without work），认为它是属于人类的一种"不会被任何身份或职业所耗尽的纯粹的潜能"（Agamben 2000：140）。由此可知，经验只能发生在那些尚未遭受现代性庞大的、超自反的（hyper-reflexive）知识工具所殖民、因此也允许社会关系最根本的否定性被发现的地方。如果我们想到本雅明，在这个方面对阿甘本产生最大影响的思想家，那么不难看出在他的《拱廊街计划》[*Passagenwerk*（*Arcades Project*）] 以及《单向街》[*Einbahnstrabe*（*One-Way Street*）] 中，这样的不期而遇到处都是，无论它们是物质的、真实的还是想象的。

正因为与欠缺密切相关，阿甘本的经验本质上是疑难的（aporetic），因此可以方便地被定义为唤起它所反对的东西，即现代科学的出现。就像拉康的"大学话语"涉及科学客观性的历史确定性一样，在阿甘本那里，现代科学的胜利意味着知识与经验融为一体，不可分割（Agamben 2007：22）。更确切地说，随着现代性的到来，知识开始吸收、中和每一种真实经验固有的质疑维度，以便将其变成一个可数的实体。阿甘本早已将这种范式转换置于新柏拉图主义神秘论中，尤其是当他把占星术介绍为将亚里士多德的纯"智慧"的天球与尘世的、易腐的经验结合起来的"叙事"时。一旦达成了调解，科学与经验就会在意识（笛卡儿的"我思"）的支持下开始一起工作，这最终将使占星学成为被摒弃的迷信 [尽管"占星术、神秘主义与科学之间的亲缘关系……文艺复兴时期占星术在知识分子当中复兴就是其最显著的症状"（Agamben 2007：24）]。当所有的经验都变得明显、清晰并且可被交换的时候，我们就可以放心了，我们已经终止了与真理的任何关系，既然真理（正如拉康所说只能"半说"）与"作为欠缺的意义的过剩"密不可分，而后者是人类在一开始本来可以得到的。例如儿童，在与世界的关系中，他／她仍然不受等价命令的约束。在这里要注意阿甘本对两个不同维度的比较：一个是"科学现代性"的否定／异化领域，其特点是现代理性对经验的侵略性剥夺，另一个是经验领域本身，它仍然保留着一种可以说是纯粹的不确定性，阿甘本后来用了我们前面提到的"潜能"（potentiality，potenza）和"无作"（inoperativeness，inoperosità）这两个术语来描述它。更重要的是还必须指出阿甘本是如何用非辩证的术语来构想这两个维度，它们并不互相调解，而是保留了自主价值与合理性。

112

　　阿甘本的非辩证二元论的一个明显例证来自他对欲望的理解。对他来说，从历史上看，欲望是因为想象从经验中被排除出去而导致的扭曲。因此，正如精神分析所声称的那样，它并没有参与人类的本体论构成，而是因为范式转换才得以出现。在"我思"出现之前，经验一直以"与身体分离的纯粹成像"为其对象；然而，当知识开始吸收和破坏经验时，"欲望的状态发生了根本性的变化；它变成本质上无法满足的东西"（Agamben 2007：29）。倒错随之而来，就像在萨德的世界中所发生的一样。这里引人注目的是，在想象界中得到满足的富有创造性的个性和与其对象捆绑在一起并注定受尽挫折的不平衡欲望之间的对比，倒错是唯一的结果。在阿甘本看来，正如他在稍后的一本著作中所充分阐述的，欲望需要从其现代特征，即知识和占有中被救赎（参见 Agamben 1993：124—30）。科学理性的诞生将直到当时还保持着的经验的自主性纳入自身法则之下，从而打开了欲望的深渊维度。[1] 在这个背景下，阿甘本

---

[1]　值得注意的是，阿甘本以看待欲望诞生的相似方式看待无意识的发现，提出无意识是一种"痼疾的症状"，证实了历史上对经验的剥夺。因此，他将无意识历史化，将其设定为一个并不负责意义建构与消解的行动者，而只是西方理性不可阻挡的衰落的症状。无意识的诞生与现代诗歌的诞生处于同一水平，现代诗歌从波德莱尔开始就"被认为不是建立在新的经验基础之上，而是建立在前所未有的经验的欠缺之上"。（Agamben 2007：46—7）

哀叹中世纪"寻求"（quest）精神的丧失，结果"人类经验的问题
成为一个绝境（aporia）[1]，字面上就是没有出路（a-poria）的意思"
（Agamben 2007：32—3）。

我们可以看到，阿甘本的历史悲观主义是建立在科学实验与寻
求（quest）——根据定义它是漫无目的的、由经验所填满的——
之间的二元论之上。正是为了维护这种二元论，阿甘本在德勒兹之
后，在康德的《纯粹理性批判》中发现了西方形而上学最后一次尝
试呈现经验的纯粹形式，也就是说"没有隐藏着的矛盾"（Agamben
2007：37）。根据阿甘本的说法，康德的先验的"我"与经验的
"我"的分裂，为经验得以与知识领域分开来保存提供了保证。基
于对经验的如是理解，阿甘本反对黑格尔的后康德辩证法，认为他
就是将经验简化为"意识的一个基本特征"。在黑格尔那里，经验
被断然删除，因为辩证总体性在无穷无尽的生成过程中，将经验的
内在否定性转化为知识本身的否定性。结果，"经验现在肯定是只
能经历而不能拥有的东西"（Agamben 2007：38）。阿甘本拒绝对否
定性的这种辩证理解，而且是以马克思主义的名义来拒绝：

> 因此，如果说在宣称废除黑格尔式主体（意识）的同时通
> 过辩证法保留其基本结构和内容是自相矛盾的，而事实也的确
> 如此，那么对辩证法的批判就成为真正摆脱黑格尔主义的马克
> 思主义诠释学在今天最迫切的任务之一。（Agamben 2007：39）

阿甘本部分同意阿多诺反对黑格尔的理由，他引用了（作为经
验的）他者性（alterity）的特殊构成来证明他对辩证法的解读。就
客观上所拥有的首要地位和优势而言，他者性被认为是先于辩证

113

----
[1] 绝境（aporia）：来源于希腊语，由两个要素 a 和 poros 组成，a 表示"没有"
（without），poros 表示"道路"（passage）。——译注

调解的螺旋运动，实际上也不受它的影响，最终还被重塑为本体论本身的积极的"实质"。阿多诺和阿甘本都拒绝接受这样一种可能性，即任何知识的"无法消化的剩余"、难以处理的物质过剩和"报应"是由辩证法（由所有认知的辩证性质）所产生而不是先于它而存在。不过在另一个层面上，阿甘本当然也对阿多诺的辩证法深表怀疑，认为它与黑格尔的辩证法串通一气。在这方面，他同意本雅明对辩证主义者所下的那个著名的充满讽刺意味的定义："乘着世界历史之风扬帆起航的人。"（Benjamin 2002：473）因此，他赞同本雅明的"停顿的辩证法"（dialectic at a standstill），它表明有必要打断辩证唯物主义中被认为不可阻挡的进步。对本雅明来说，人类的任务就是要从"不可避免的（辩证的）进步"观念中清醒过来，对阿甘本而言亦然。虽然这项任务绝对与对当代资本主义的批判有关，不过这里我们所关注的点有所不同。我们更关注的是阿甘本如何假定客体中存在一种维度，使它可以说被解除了成为认知对象的义务，并通过这种方式从根本上认同了阿多诺（当然还有本雅明）的唯物主义。像阿多诺一样，他反对黑格尔，是因为他把黑格尔看作最终通过抑制客体以实现所有经验被纳入主观理性的哲学家。对阿甘本来说，这种超越和抵制认同的客观维度不仅不受辩证法的影响，而且必须作为一种模拟的无识别性的阈值（a 'mimetic' threshold of indistinction）得到保护，它证明了位于西方传统中心的主客分离是虚假的。因此，我们要强调的是，阿甘本内在的弥赛亚主义的非辩证的原因，这就是他所谓的"经验"。

在阐明了对经验的剥夺与毁坏如何成为现代异化社会的特征这个观点之后，阿甘本紧接着对经验的非异化核心进行界定。他将其与语言联系起来，尽管它一向被看作"我们无法命名"的事物——譬如在狄尔泰、柏格森，尤其是胡塞尔的《关于内在时间意识的讲座》那里。阿甘本用了一个恰当的术语来定义经验的无名维度，这就是"婴儿期"，从字面上理解就是"无法言说"。虽然婴儿期在后来的著作中被更加通用，也可能更加准确的术语（如"潜能"）所取代，但它对我们特别有用，因为它通过一个相似的概念，把位于拉康结构主义核心的语言不一致的、内在分裂的方面引入争论当中。事实上，我们认为，从婴儿期这个概念来看，阿甘本的观点非常接近拉康的无意识辩证法，后者把无意识视为意识的意义背后隐藏的、被否认的预设。不过，仔细阅读阿甘本的文本，可以肯定他的思想是一种非辩证的二元论，这一点在他后来的著作中表现得越来越明显与普遍。

语言之形式

借鉴了来自所谓的"语言学转向"（特别是路德维希·维特根斯坦、马丁·海德格尔、瓦尔特·本雅明、埃米尔·本尼维斯特、雅克·德里达和让–克洛德·米尔纳等）以及后浪漫主义语言哲学的代表（格奥尔格·哈曼与威廉·冯·洪堡）的多种权威资料，阿甘本在《婴儿期与历史》以及后来的著作中，力求在语言内部揭示一个与语言不同的维度，也就是说，证明有一种潜能被矛盾地刻写进言语中。于是出现了两个对立的主题：一种观念认为语言受其内在的不一致性的辩证调解；而另一种根深蒂固的信念则认为这种不一致性必须被看作婴儿期可以获得的前主体的"语言之形式"未实现的潜能并加以保存。第二个主题（语言之形式的潜能）得到重视，结果将本来看似辩证调解的实例变成对两个重要术语——婴儿期与语言——之间的简单对立的肯定。事实上，我们很容易看出，对阿甘本来说辩证调解是不可能发生的，既然他认为婴儿期不仅是语言隐藏着的预设，而且最重要的还是它的起源，是先于言语并把言语包含在内的场所。而拉康的精神分析则做出完全不同的断言：

无意识作为有意识的言语行为的预设，只能被看作主体进入语言的 115
一个效果。当阿甘本声称语言的界限不应被看作外部的，而应该看
作内部的时，我们不应该将这个界限误认为是拉康的无意识。

让我们考虑一下阿甘本的以下陈述："如果每一种思想都可以
根据它对语言的界限问题的表述来划分类别的话，那么婴儿期的概
念就是试图在视其为粗俗不堪、难以言表的之外找到一个方向来思
考这个界限"（Agamben 2007: 4）。在这里阿甘本似乎暗示了，通过
婴儿期，我们有机会恢复语言与无意识之间的联系，而一旦我们接
受了从认识论上谈及存在于语言之外的难以言表的界限，这种联系
就会丢失。语言，并不是如我们预先假定的那样不可言说，而是必
须与其自身的可言说性联系起来考虑：

> 难以言表、未予以言说的事实上只属于人类语言的范畴；
> 它们非但没有指出语言的界限，反而表明它拥有无可匹敌的预
> 设力量，不可言说的恰恰是语言为了表意必须预先假定的东西。
> 相反，只有经过净化的思想才能理解婴儿期的概念，用本雅明
> 写给布伯（Buber）的话来说，净化就是"消除语言中不可言说
> 的东西"。语言所必须表示的单一性不是一种难以言表的东西，
> 而是一种最可说的东西：是语言这种物（Agamben 2007: 4）。

这里的"语言这种物"又似乎与拉康的无意识有某种相似之
处，就后者通过我们说话，像语言一般包围着我们这个意义来说的
话。虽然在"不可言说都被消除"的语境中，能指的实验是在婴
儿期所发生的事情，但它也是任何以语言的投注力（the cathectic
power）[1] 为起点的创造性项目都具有的重要特征，因为只有从"语

---

[1] 投注（德文 Besetzung，英文译为 Cathexis）：精神分析术语。弗洛伊德将本能
    的驱力视为一种"能量"，可在不同精神内容中被投注。——译注

言实验"（experimentum linguae）中我们才能够得出创造性冲动的模板，这种冲动是建立在语言与其底部之间的裂缝-否定的核心基础上并由其所合法化的。事实上，正如阿甘本所强调的，"空白"（void）是语言中任何创造性经验的核心：

> 进行语言实验……是冒险进入一个完全空洞的维度……在这个维度中，人们只能遭遇语言的纯粹外在性。……每一个思想家都至少有过一次这样的经验：我们所谓的思想甚至可能完完全全就是这样一种实验。（Agamben 2007：6）

在这个强有力的段落中，给我们留下深刻印象的是主观性范围内的"空洞的维度"与"语言的纯粹外在性"的合并；这一重叠表明，语言（以及与之相伴随的思想）只有在首先经历过其纯粹外在性——即其绝对的自我指涉性——的"冲击"的情况下，才能真正变得具有变革性，这正是拉康的能指所表达的意思。这里要指出的是进行清空或减法操作的必要性，通过这种操作，语言才能遇到它的作为纯粹命名的零度，因此也就是纯粹的潜能。例如，我们在阿甘本对"姿态"（gesture）的批判中发现了同样的操作，"姿态"也被化约为纯粹的实践，它从任何前存在的规定性当中解脱出来，成为一种"绝对的姿态性"（absolute gesturality），与我们的欠缺本体论基础的状态互相交叉。既然它是"使手段本身可见的过程"（Agamben 2000：58），姿态就是无杂质、无中介的媒介性，它被剥夺了全部的内容（Agamben 2000：93—4）。对于阿甘本来说，当所有内容最终被清空，真理的可能性才会变成现实，因为通过特定内容来识别一个对象是（在阿多诺那里已经是）万恶之源。因此，正是在这个被"挖空"或者说压缩以至仅剩纯粹的存在的层面上，阿甘本置放了得到拯救的唯一可能性。在这里，我们有机会抓住阿甘本思想的核心，它围绕着一种悬而未决的生机论来表达，主张（语言的）潜能具有一种远胜于其实现的本体论的重要性。在阿甘本的著作中，语言相较于其他范畴是更加基础的概念，它在"无识别性的阈值"层次上被理论化，在这里它同时也是一个政治和哲学的范畴。

阿甘本触及了这个阈值，他说经验"不应该仅仅被看作在时间上先于语言，然后在某一点上停止存在以便渗透到语言中的东西。它并不是伊甸园，在某个时刻，我们永远离开了它，之后才开始说话；相反，在起源上它与语言共存"（Agamben 2007: 55）。只要语言是起源，那么阿甘本将它与一种超验的功能联系起来就是正确的，通过这种联系语言"构成了所有历史知识的先验的界限与结构"（Agamben 2007: 57）。然而，他总是不仅将这个原初时刻置于符号化之外，还置于主体之外，而不是把它看作主体的构成性的初始特征："就人类的婴儿期而言，经验是人类与语言之间简单明了的差别。个体并不是已经说话的个体，而是过去是并仍然是婴儿的个体——这就是经验"（Agamben 2007: 58）。对阿甘本来说，婴儿期的地位相当于"无限的语音资源库"，为了使孩子获得"单一语言共同体中的公民身份"，这个宝库被（错误地）牺牲掉了（Heller-Roazen 2005: ii）。然而，从拉康的观点来看，语言迫使我们牺牲的是以神话般的——也就是不存在的——充实所呈现的享乐的真实界。个人通过语言及其所衍生的"话语"成为个体，从定义上讲这就是异化。换一种说法就是，语言，就像从婴儿期而来的个体那样，总是处于危机当中，不断地与它所引起的本体论层次的自我分裂发生冲突。而拉康指出，悖论在于，这种冲突既是语言的构成部分，也深刻表征了语义的不一致性。

因此，根源就是能指，除此之外别无其他。能指作为一种"再现的再现"（representative of representation、弗洛伊德的

117

Vorstellungrepresentanz），将其所由来的空虚带入话语（并从根本上破坏它）。正如我们所看到的那样，正是这个辩证的过渡使拉康能够进一步发展主人能指的理论，提出主人能指虽然"无意义"，但却绗缝了表意链的观点。应该强调的是，在拉康那里，意义的过剩将经验/快感界定为其既过度同时又被简化的维度，它最终是无法抹去的，因为无论工具理性如何全面支配着它，它都与任何社会符号秩序不可分割（也就是说，辩证地纠缠在一起）。相反，阿甘本保留了符号界与真实界，也就是他所谓的常识与"生命的无政府主义的历史性"的非辩证二元论。

因此，阿甘本的"婴儿期"概念在二元论的特征描述中被定义为没有内容的纯粹形式（外在性），自动代表了一个使主体与客体得以结合的无识别性地带的无矛盾、无中介的具体化；因此，它成为衡量生命如何被逐渐抽象的尺度。与经验一样，根据定义它是无作的（inoperative），这里的"无作"与乔治·巴塔耶赋予désouvrement[1]一词的意义相同，让-卢克·南希（Nancy 1991）和罗伯特·埃斯波西托（Esposito 2010）在结合这个概念反思共同体的意义时也都进行了相同的阐发。婴儿期是这样一种状态，它拒绝了现代社会的功利目的，并通过历史进步的辩证法逃脱了再吸收。

从拉康的角度来看，这种将经验表述为被人类的认同实践所蹂躏的原初"生命之形式"的做法不可避免地有可能成为一种回溯性的结构，从中产生人类的异化是不可避免的这种痛苦的认识。这么说完全不是想要贬低阿甘本对现代以来经验遭受逐步破坏的谴责。相反，我们的观点是，现代的经验萎缩现象是一个非常明显的症状，表明今天资本主义这一特殊的痼疾，用黑格尔的话来说就是，已经发展到其观念（Notion）（即其结构性危机）阶段。经验（作为

---

[1] 原书有误，应是法文 désoeuvrement，亦译为"无作"。——译注

快感）恰恰应该被理解为我们的社会符号秩序日益中立化而且似乎是不可获得的剩余。因此，它代表了语言介入之后的辩证产物，而不是其原初或先前的预设（婴儿期）。如果经验确实存在，它也的确遭受到内在于资本主义的工具理性的剥夺，那么更应该继续把它看作辩证调解的结果，因为正是"辩证调解"的观念引导我们对资本主义进行政治上可行的批判。从拉康的角度来看，"对经验的剥夺"意味着，今天我们越来越不可能遇到语言影响之下的调解过程令人不安的残余。然而，正如拉康的话语理论所证实了的，这并不意味着残余物永远丢失了或者说被清算了。恰恰相反，资本主义社会关系的过剩可能变得越来越难以体验或定位，但它是存在的，甚至显然作为不断增强、令人害怕的排斥的状况而存在，它现在威胁着要吞没我们所有人，作为一种生产方式的资本主义也是这种状况的一部分。虽然阿甘本很清楚这种危险，但通过一次相当不寻常的理论飞跃，他将这种症状转化为其弥赛亚主义或者说实现了的乌托邦的内容，这或许是他摒弃辩证唯物主义的最明确的证据。

　　让我们简要回顾一下拉康的辩证法是如何在资本主义的动态中设想剩余的地位的。虽然一方面资本主义的残余物是剩余价值（由资本主义社会关系所产生的一种特殊的剩余，对资本主义至关重要），同时正如今天的危机似乎能证实的那样，资本主义有效生产的东西不仅仅是失业，而是一种彻底排斥的状况，正如我们所知道的，它威胁着社会的基础。最终，不断扩张的资本主义驱力与不断减少的剩余价值创造之间的联系失败，导致了人类根本无家可归的状况，结果资本主义社会关系那令人不安的"失落了的对象"就出现了，这是当前危机的根本原因。在这里，我们应该对阿甘本在两个相互关联的问题上的立场加以反思。首先，依照批判理论的典型模式，他认为，对作为一种特殊社会关系的资本主义的分析应附属于对"工具理性"及其倒错的主权逻辑——由彻底的排斥所补充——的分析；接着，他摒弃辩证的调解，目的是将"生命之形式"（婴儿期、潜能、无识别性等）置于首要位置，视其为总是已经在给定的社会符号秩序中有效运作的东西，而不是作为它所生成或"抛弃"的残余物。从我们围绕语言所展开的讨论中可以看到，尽管阿甘本意识到经验对语言的依赖，[1]但他仍然把这种依赖看作一件消极的事情，可以通过重新激活一种不受制于"认同与排斥"冲动的经验的所谓原初状态（婴儿期）来解决这个问题。[2]

119
弥赛亚主义显示

阿甘本诉诸"婴儿期"概念来指明向语言的本体论"无差异性"开放的条件，这个做法显然是为了对抗西方理性压抑的"认同与排斥"的本质；与此同时，它预示着即将从语言的认同冲动中获得救赎。对于阿甘本来说，要抵制西方文明的灾难性发展，唯一的希望根源于对语言的误用，这种误用本质上是将人类从语言中连根拔起，也就是说希望在于将异化引入到它的救赎的实现中来，或者（再一次使用尼采的说法）引入到"全面实现了的虚无主义的状态"中：

> 推动世界各国走向一种共同命运的不仅仅是经济必需品和技术发展，更是语言本质的异化，它使所有人离开了他们在语言中的重要居所。但也正是出于这个原因，我们生活的时代也

---

[1] "主体性只不过是说话者假定自己是一个自我（ego）的能力，不能以任何方式通过某种无言的成为自己的感觉来定义主体性，也不能通过延迟至某种难以言表的对自我的心理体验，而只能通过语言的、超越了任何可能的经验来定义它。"（Agamben 2007: 52）

[2] 在这一点上，阿甘本不赞同阿多诺对本雅明的众所周知的责备也就不奇怪了，因为本雅明被批评就是因为他忽视了辩证的调解（参见 Agamben 2007: 117—37）。

是人类第一次有可能体验自己的语言本质的时代，也就是说，体验的对象不是某个语言内容或某个真命题，而是语言本身，以及言说的事实本身。当代政治正是这种极具破坏性的语言实验，它在全球范围内分离、清空传统与信仰、意识形态与宗教、身份与共同体。只有那些能够完成它的人……才能成为那个既无预设亦无国家的共同体的第一批公民。（Agamben 2000：84—5）

阿甘本政治哲学中的核心主题，可以说就是这种最终收缩至纯粹的潜能的状态，它被设想为异化的世界即将达到的以及必须忍受的。下面是来自 2001 年意大利版《正在到来的共同体》（*The Coming Community*）"后记"的一个富有启示性的段落：

现在的时间，也就是最后一天之后的时间，是不会发生任何事情的时间，因为新的事物总是正在进行当中，正趋于完全成熟。现在的时间是所有时间的唯一真正的"完满"（pleroma）[1]。在这个时间——我们这个时代——中的真实情况是，在某种程度上，每个人——地球上所有的人民与所有的人类——正在重新获得作为一小块残余物的地位。对于那些仔细观察的人来说，这意味着弥赛亚降临的条件……——工作的缺失，无论何种形式的单一性，繁荣——前所未有的普遍化正在成为现实。[2]

正如预期的那样，要理解阿甘本的思想模式，关键在于掌握存在于毫无保留的、最终达成普遍的排斥条件的异化与弥赛亚救赎之

120

---

[1] 基督教诺斯底派的最高神与其分神合称为"完满"（pleroma），希腊文原文有"丰盛""万有""总体"之意。——译注

[2] "后记"可通过以下网址获取：http://www.notesforthecomingcommunity.blogspot。

间的这种前所未闻的重叠，凭借这种重叠我们的共同体正在"变形"成为一个新的共同体，它将废除所有提及暴力的、进退两难的包含／排斥（inclusion/exclusion）的内容。阿甘本（以及一般的生命政治）与拉康精神分析所代表的理论主张最显著的差异在于自主性的地位，阿甘本把自主性同时赋予政治的消极方面——在他看来现代政治只能被理解为完全的野蛮形式，[1] 它最极端的典型就是集中营（参见 Agamben 1998: 166）——以及乌托邦的救赎情境，它是最终摆脱作为西方社会发展特征的认同与排斥的（压抑性）冲动的条件。最终，阿甘本设想了一个从压迫中获得解放的共同体，其特点是无区别性，它是西方思想的两组主要的哲学范畴之间并无差异的阈值："人并非精神与肉体、自然与政治、生活与逻各斯的二元性，而是坚定地出现在它们无法区分的时刻"（Agamben 1998: 88）。

因此，阿甘本的弥赛亚主义明显意味着，存在，作为一种含混的潜能状态，是绝对透明的。救赎是人类的异化的救赎，（拉康式的）能指与所指之间的二分法就是一个显著的例子。弥赛亚的实现是建立在本雅明在论文《论语言本身和人的语言》（'On Language as Such and the Language of Men'）中所提出的"一般语言"基础上的，所谓"一般语言"就是并不局限于不可言说者的语言。用阿甘本的话说，则是：

> 它是那种已经消除了所有的预设和名称，不再有任何东西可说，如今只是单纯地言说的语言。语言具有一种完美的透明度，在名称的层面和表意的言说的层面之间、在意谓与所说内容之间不再有所区别，诸语言——以及伴随着语言的所有人

---

[1] 阿甘本当然赞同本雅明"没有一座文明的丰碑不同时也是一份野蛮暴力的实录"（Benjamin 1968: 256）这个著名的论断，他事实上还从中生发出一种政治思想。

类文化——似乎真正地到达了它们的弥赛亚终点。(Agamben
1999c: 60)

在这里尤其突显了精神分析与生命政治之间无法弥合的裂痕，
具体表现为基于否定本体论来理解辩证法与在阿甘本的弥赛亚式
"乌托邦主义"既克服又保留的二元论视野之间的缝隙。[1] 精神分   121
析不可能赞同这样一种观念，即（由符号阉割的"重击"所造成
的）异化的"结"可以被解开，同时被升华为能指和所指之间"真
正实现"透明状态的条件，从而救赎历史的压抑性排斥逻辑。拉康
辩证法的全部要点是，在儿童获得语言以及因此产生区分的同时出
现的人类的异化，只有在精神病的情况中才可能被解决，在这种情
况下，异化被阻隔了，结果主体相信自己被完全地、毫无疑问地嵌
入意义的世界。在弗洛伊德-拉康的精神分析中，对一个非压抑的、
后异化的共同体的假设是根本站不住脚的，因为严格来说，精神病
患者的共同体将会是它的现实版本。这就是拉康的"要么是父亲，
要么更糟"(père ou pire) 所表达的意思：要么接受符号阉割的压
抑性动力所带来的异化状态，要么终结于俗谚里的煎锅（精神病）
中，[2] 那时候我们的确从压抑中解放出来了，但我们只能依靠有一
种完整的、永不出错的知识的幻想来摆脱压抑，而这种断裂是创伤
性的。这一点马上突显了拉康精神分析悲剧的、解放的内核：如果
精神病的时刻（即更糟的结果）将我们从特定的社会符号情境中解
放出来，那么它就不能由非病理性主体来维持，因而需要语言的干

---

[1]　最近卡罗·萨尔扎尼总结了有关使用乌托邦概念来描述阿甘本弥赛亚主义的合
　　　法性问题的争论，并对其进行批判与评价（参见 Carlo Salzani，2012 ）。
[2]　参见拉康的第十九期研讨班（ 1971—71 ），它的题目就是《……要么更糟》，到
　　　目前为止只有法文版。父性隐喻的衰落这个主题不管怎样都是拉康所有著说的
　　　核心，从他第一部文集《书写》(Écrit) 到 20 世纪 50 年代关于兄弟姐妹竞争
　　　中精神病的发病机制的阐述，以及 1968 年后的研讨班系列，都是如此。

预来重新设置社会符号秩序。换句话说，拉康的理论大厦中没有乌托邦幻象的容身之处。事实上，我们知道拉康曾经谴责说，在非压抑性情境的乌托邦幻想与适应现状的具体压迫形式的永久性之间存在着共谋关系。拉康的早期论文《个体形成过程中的家庭情结》（'The Family Complexes in the Formation of the Individual'，1938）中有一段相当黑格尔式的文字就明确地提出了这个观点。拉康将乌托邦主义定义为某种神经性无能的形式，这个概念指的是神经症患者无法在他的批评对象中辨认出自己的活动（Lacan 2001：60—1）——就像黑格尔的"美丽心灵"（beautiful soul）概念一样。换句话说，从（非辩证的）乌托邦的角度来谴责现状的做法背后隐藏着不被承认的与现状本身的共谋。

122   阿甘本思想的主要动力是去限定一种必须保持未表达、超出被动性之外的潜能，因为它甚至不能被认为是被动的。[1]总而言之，我们应该再回到这种立场的理论根源，即非辩证的二元论：具有异化性质的历史，其发展是独立于其弥赛亚"天罚"（nemesis）的。出于这个原因，（从异化的历史到被救赎的历史性）两者之间的重叠只能被理解为，用齐泽克的容易引起争议的词句来说，是"某种神奇的干预"（Žižek 2007b）。那么，应该质疑的是阿甘本的使人类及其历史异化的"关于例外状态的主权决断"（Agamben1998：14）[2]这个观点的自主性。要解释阿甘本为什么会拒绝建立在主权的异化干预基础之上的整个西方历史，唯一的方法就是强调他的

---

[1] 可参见阿甘本对赫尔曼·梅尔维尔（Herman Melville）的故事《抄写员巴特比》（*Bartleby the Scrivener*）的解读，其中巴特比著名的"我宁愿不"（I would prefer not）被解释为"对主权原则最强烈的反对"，正是因为他"抵制了在是的潜能与不是的潜能之间做出决定的所有可能性"（Agamben 1998：33）。关于阿甘本的被动性思想，参见斯蒂芬诺·弗兰奇和托马斯·卡尔·沃尔的论述（Franchi 2004；Wall 1999）。
[2] 书中阿甘本引用了卡尔·施密特的主权思想：主权就是决定例外状态，主权者在法律上将自己置于法律之外。——译注

"悬而未决的"神学生机论的本体论特征。

阿甘本的本体论有效地将生命政治生机论与神学的无差异性结合在一起——它从前者开始（为了谴责主权），至后者结束（为了"内在地超越"主权）。[1]沿着福柯的道路，阿甘本认为生物学的生命是一个固有的、给定的无区别性阈值，被政治所分割和扭曲；但最终他却与福柯相反，这个原初的阈值被重塑为一种无差别的状态，它同时命名了不确定性与停滞。此外，虽然阿甘本把重点放在从异化的主权通往救赎的"神奇"道路上，但他几乎不提及"原罪"，也就是主权实际上如何把自己强加于"生命本身"的问题。由于没有要求辩证推理对这一初始过程进行说明，因此救赎的必要性同样没有得到解释。它就是会发生。事实上，阿甘本倾向于从人类运用理性将主权强加于生命之上的行为显然是暴力的这个考古发现开始。归根结底，他对从当代历史的超级异化状态中出现的弥赛亚救赎的描述在政治上是可疑，要根据人类理性破坏了生物学的生命这个最初的假设来解读它。

无论是以肯定的还是否定的方式提出，生命政治认为"生命"既不确定又摆脱了逻各斯的工具性，这是极其不辩证的，确切地说这是把生命假设为与逻各斯直接对立，而不是其存在的固有条件。由于这个原因，阿甘本全部思想的普遍特征是对生命和逻各斯

---

[1] 在最近出版的《最高的贫困》一书中，阿甘本提供了一个具体的例子，来说明他是如何理解从主权中解放出来的"生命之形式"。他提出了一种需要对比教会礼拜范式来理解的隐修生活的考古学。但是，他认为，随着 12 和 13 世纪的精神运动，尤其是方济会的运动的展开，"生活（vitae）与工作（officium）之间的紧张关系不再存在，不是因为生活被礼拜仪式所吸收，相反，是因为生活与工作之间实现最大限度的分离"（Agamben 2011: 146，本书作者的翻译）。阿甘本的观点是，在方济会的秩序下，我们见证了一种与法律完全无关的"生命之形式"的诞生。毫无疑问，强调方济会的"生命之形式"特殊的社群主义维度是有吸引力的，特别是从资本主义危机的角度来考虑的话。但是，我们认为，教会的正式礼拜秩序与方济会运动之间的关系，虽然不是明确地基于包含／排斥的范式，仍应辩证地去解读。

的虚假结合——现代历史的"人类学机器"（Agamben 2004：33—8）——的批判，如下面来自《敞开：人与动物》（*The Open：Man and Animal*）的段落：

> 在我们的文化中，人一直被认为是肉体与灵魂、活生生的存在与逻各斯、自然（或动物）的元素与超自然的、社会的或者神圣的元素的连接和结合。相反，我们必须学会把人看作这两种元素的不一致所产生的结果，不是去研究它们相结合的形而上学之谜，而是从实践和政治的角度研究它们相分离的秘密。（Agamben 2004：16）

对于阿甘本来说，我们的文化越肯定生命与逻各斯的结合，并以后者来定义前者的意义，人类就越有可能产生野蛮的政治分歧，结果使人类沦落到毫无希望的动物的位置，"无意义之生命"（zoē）[1] 的位置，也就是"神圣人"（homo sacer）[2] 的状态。阿甘本坚持认为，面对西方文明的空难性后果，弥赛亚的选择是符合我们要承担的风险的：我们要识别出"位于人的内部的缝隙、中心的空洞，它将人与动物区别开来，我们要承担起这个空洞的风险"（Agamben 2004：92）。我们的目的是重新找回人类的潜能，使之

---

[1] 希腊语，阿甘本在《神圣人》（*Homo Sacer*）一书中指出，在古希腊有两个词用来表示"生命"的意思，一个是 zoē，另一个是 Bios。zoē 的词根跟动物 zoo 接近，表示活着的生命，仅仅是活着，没有生命的形式、风格以及特定的生存方式，阿甘本称之为动物生命，也就是赤裸生命。Bios 才是人的生命，它不仅仅活着，而且有意义。——译注

[2] 拉丁语。阿甘本在《神圣人》一书中指出，homo sacer 本意指一个人被禁绝，可以随意被任何人杀死，但绝不能在宗教仪式上作为牺牲来献祭，因此中文译为"神圣人"或"牲人"都不是很准确。因为 homo sacer 被从社会中驱除，杀死他的人不被视为凶手，因此也可引申为某种外在于法律、超越于法律的人，正因此阿甘本认为把自己置于法外状态的主权者就是 homo sacer。——译注

"向非开放者开放"，从而抵达眩晕的无区别性的阈值，它"使支配我们对人的概念的机器失灵"。在这个视野中，目标"不再是寻求新的、更有效或更真实的表述"，来说明被拉康表述为符号–想象的维度和快感的真实界的东西，而是彻底抛弃基于这些表述来理解人的生命而得到的观点，并选择"悬置悬置本身"（the suspension of suspension）（Agamben 2004：92）。虽然拉康的精神分析与阿甘本在人与动物的区别问题上观点相同，但他把这个区别命名为"死亡驱力"，这个词本身就足以表明没有任何弥赛亚救赎能够理论化它所具体化的否定性。正是由于拉康的否定本体论的辩证构成，驱力所体现的深渊般的断裂或震动只能被假定为一种彻底的去实体化，它是符号意义的重新表达的必要条件，而不管这种表达本质上多么不稳定。最后我们的观点是，批判理论的遗产必须重新占领辩证的道路，并将其政治化，否则留给我们的将是，在一种非压迫性社会乌托邦的全然无效的愿景基础上展开对当前资本主义危机的批判，最终将强化当前现状不可战胜的错觉。

124

后记
没有什么要解放的

正如贝尔托·布莱希特曾经俏皮地评论的那样，新的时代不会骤然开启，因为新肉也总是先用旧叉子来吃（Brecht 1968：856）。在本书中，我们大概已经做了应该做的来证实这个自明之理。因此，我们不想给出我们所没有的结论，我们更想强调本书所采用方法的 6 个方面的特征，这些也是我们想在下一个合作项目中进一步展开的方面。

第一，我们批判的不是资本主义作为社会再生产模式的不合逻辑、非理性和彻底矛盾的性质。相反，我们的批判对象是其逻辑性、合理性以及表面的一致性。这么做的根据是我们跟大家一样相信，对这种危害极大的社会再生产模式进行局部批判的做法已经走到尽头。我们今天所经历的危机，已不再是一种特定的资本积累模式或者说作为我们这个时代的"统治意识形态"的"解除管制的资本主义"的危机（Klein 2014：18），也不是传统马克思主义意义上的资本主义制度危机，也就是经济制度因阶级统治、市场无政府主义状态、地方性过度积累以及消费不足等原因而扭曲；事实远非如此。我们在过去三十年中所看到的，是现代社会生成矩阵本身，即价值自行增殖的反馈回路遭遇历史性解体的第一个全球性阶段。换句话说，我们正在目睹的是独立于特定的历史与文化形态的一般资

本的危机，这是马克思《政治经济学批判大纲》和《资本论》中的
政治经济学的批判主题。

第二，如果说对资本主义的局部批判已经走到了历史尽头，那
么作为政治异议最普遍的表达方式的内部违规也一样。两者都彻底
地丧失了发展的潜力。虽然齐泽克并未提出新的政治经济学批判，
但与众不同的是，他所做的工作使我们重新认识作为一种抵抗模式
的内部违规的本质与局限性，它完好无损地保留了它声称要克服的
东西。2008 年 9 月投资银行雷曼兄弟倒闭之后，围绕着迫在眉睫
的银行救助计划展开了激烈的论争，齐泽克积极介入并发表了令人
印象深刻的评论：

> 如果我们感到被拯救银行的救助计划所勒索，那么我们应
> 该停下片刻，承认这个勒索大获成功。因此，我们不应该屈服
> 于流行的诱惑并放纵我们的愤怒。相反，我们应该将愤怒转变
> 为冷静的决心，并质问我们生活于其中的、让这种勒索成为可
> 能的社会是什么样的社会。（Žižek 2008b: 64 ）

齐泽克的批判在今天依然不失其时事性。正因此，我们在本书
中所批判的对象既不是金融资本主义的下作行为，也不是政治精英
的谬误，而是资本增殖经济本身。

第三，如果我们的目标不是揭露"资本主义的十七个矛盾"
（大卫·哈维的书名，Harvey，2014），那么我们就不会把重点放
在 20 世纪以及现代凯恩斯式马克思主义所主要关注的"资本剩余
的吸收问题"上（参见：Bellamy Foster and McChesney 2012：loc
836；Harvey 2011：26，45；Baran and Sweezy 1966）。可以肯定的
是，资本增殖经济正面临着日益严重的吸收问题，也就是说以货币
利润的形式产生的剩余无法被资本增殖经济有效地吸收。正如我们

126

在书中所表明的，这是一个产生灾难性后果的真正的困境，但它并不是今天我们所面临的资本主义历史危机最关键的根本问题。对过去半个世纪产生决定性影响的不是剩余的吸收问题，而是不可逆的剩余价值的创造问题，它是我们今天深陷其中的历史困境最根本的原因。全球化、解除管制与金融化、对不具价值实质的增长的狂热模仿，这些已经成为资本价值增殖动力下降的普遍症状。

经典批判理论通常无法摆脱这个被广泛接受的假设：资本主义创造了富裕的社会，因为它能够永远革新生产力。的确，在20世纪70年代以前的西方，似乎无法想象有一天我们将不仅要面对"过多"一词的非人性化含义，更重要的是，还将面临缺少剩余价值的致命后果，也就是说，资本增殖经济将无法再生产维持社会生活基本坐标所需的生产力与社会制度。我们必须摆脱资本主义能够不断创造财富的迷信。这个错误的观念将二战之后有限几个国家的发展与作为一种社会形态的资本主义的整个历史混为一谈。虽然资本在相当长一段时间内将继续积累，但随着新形式的虚拟资本被创造出来并且作为产生利润的"金融工具"受到热切的欢迎，它将进一步遭受缺少价值增殖的折磨。新的剩余价值的短缺最终将破坏资本的积累，直至整个社会再生产在各个层面上——地方的、国家的与全球的——都变成实际上不可能（"无法负担"）之事。

第四，尽管我们认为是生产力不可遏制的历史发展最终决定了资本主义制度作为一种社会形态的命运，但我们并不会宣扬某种形式的技术决定论。可以肯定的是，这种认为现代生产力对当代社会的经济和社会前景具有关键的决定性影响，以至于它们具有博得满堂喝彩的能力的观念，是今天任何颜色的政治思想的基本信条。例如，最近在谷歌关于个人权利被遗忘问题的论战中，德国社会民主党经济部长西格马尔·加布里埃尔指出，欧洲法院对互联网巨头的裁决令人大开眼界，有力地证明了新的"信息资本主义使整个市场经济秩序受到质疑"（Gabriel 2014），他就表达了对现代技术无处不在的影响的普遍不满。

然而，这种情绪往往忽略了一个历史事实，这就是生产力的发展并非某个自然的或技术中立的过程。相反，发展的性质、范围和方向都是由资本主义生产方式本身所决定的。恰恰是生产力的资本主义性质，即生产力牢牢地嵌入资本价值增殖的社会病态动力中这个事实，使生产力的发展转变为一个奇妙的过程，在此过程中最初滋养了生产力的生产方式遭受到严重打击。那种认为在自由市场经济条件下技术上可发展的所有事物最终都会发展的决定论信念是没有历史根据的。出于同样的原因，我们也没有理由假定现代生产力的发展会半自动地开创一种超越资本主义的协同经济体系。这也含蓄地说明了我们与杰里米·里夫金（Rifkin 1995，2011 and 2014）有分歧的地方，他对第三次工业革命和工作社会的终结做出了富有经验性和启发性的描述，但却没有考虑到作为现代社会生成矩阵和发展动力的抽象财富正以自我指涉的方式扩张。因此，他预计，诸如物联网等新技术的"极端生产力"将引领我们"更快地走向商品和服务几乎免费的时代，同时随之而至的是，资本主义将在接下来半个世纪萎缩，而协同共享将作为组织经济生活的主导模式兴起"（Rifkin 2014：16）。

第五，再怎么强调要摆脱这种对危机的浪漫主义期望的必要性都不为过，它所期待的是全球经济危机可能会解放一些迄今为止受到限制的实质，例如"生活"或"劳动"，最终我们将拥有一种真实、富足、自我透明的生活，抵达这么一个令人安心的乌托邦。安东尼奥·内格里和迈克尔·哈特把重新阐述一个有用的解放政治的概念当作一项大型工程来进行（Negri and Hardt 2001，2004 and 2009），其中有许多可圈可点之处，但他们对生命政治的、后工作主义的政治解放的愿景，简单来说就是白费力气，因为他们低估了

128

我们今天所面临的历史断裂的新颖性与深刻性。没有任何未被异化的社会实质在等待着被解放。"生活"与"劳动"是资本主义矩阵本身的历史的真实抽象（Sohn-Rethel 1970）。将纷繁复杂的历史经验和实践浓缩为不同的抽象概念，它们是一系列在 18 世纪末固定下来的单数集体名词（collective singulars）整体不可分割的一部分（参见 Koselleck 1979）。作为把资本主义建构成一种超验的、否定的总体的历史矩阵时所使用的范畴，正如福柯（Foucault 1970：387）尖锐地指出的那样，它们将像"在海边用沙子画出的脸"一样被冲走。它们无法作为解放性的能指被回收利用。我们必须用只有在 21 世纪的斗争中才能产生并被我们捕获的新的能指来取代它们。

第六，我们认为，社会对抗和异化是我们的社会存在不可化约的方面，它们提供了主体和客体之间唯一真正的桥梁。此外，我们认为这种对抗的本体论分量被当代资本主义危机所截获。在约瑟夫·H. 刘易斯执导的黑色电影《夜这么黑》（*So Dark the Night*, Joseph H. Lewis 1946）中，来自巴黎的著名侦探在一次难得的假期中爱上了一个女孩，但女孩却遭到谋杀，并引发了一系列神秘暗杀事件，侦探被召来解决问题。经过缜密的调查，这位态度坚决的侦探非常沮丧地发现凶手就是他自己——一个人格分裂的经典案例。然而，震惊是真实的，因为侦探不仅遭遇了作为"他者"（罪犯）的自己，更确切地说是作为"他自身所欠缺的"自己，一个不被任何社会实质或幻象所支撑的行动者。《夜这么黑》中的工作狂侦探为危机一词的本体论意义所体现的无可救药的对抗提供了一个完美的形象。在电影中有一次他被描述为："当他查案的时候，他会不眠不休、日复一日地工作。他是我所知道的最无情的机器。他的思想是单轨的，有时看起来甚至既愚蠢又迟钝。"在我们的危机时代要如何更好地定义自我毁灭的资本主义驱力呢？实际上，"黑色的宇宙"准确地捕捉到了由当前的危机所产生的危机的本体论维度。我们的危机时代是一个黑色的夜晚，灾难性危机的客观证据与一种由原精神病（proto-psychotic）焦虑所驱动、又讽刺性地试图从中逃离的主体性重叠。然而，不可避免的是，资本主义的幻象正在虽然缓慢但确定无疑地变弱，其所固执地继续编织的社会结构之线也是如此。我们坚信，今天的困境打开了一个深渊般的断裂，只有批判地认识这个断裂才能引导我们重新想象，也就是说，去思考全然不同、更加理想的异化形式，在其中危机的凶猛程度能够得到控制，而它的本体论根源并未从意识中被切断。

129

参考文献

Acharya, Viral V., Thomas F. Cooley, Matthew P. Richardson and Ondo Walter (eds) (2011), *Regulating Wall Street: The Dodd-Frank Act and the New Architecture of Global Finance*. Hoboken/NJ: John Wiley & Sons.

Adorno, Theodor (1973), *Negative Dialectics*. New York: Seabury Press.

Adorno, Theodor and Max Horkheimer (1997), *Dialectic of Enlightenment*. London and New York: Verso.

Agamben, Giorgio (1993), *Stanzas: Word and Phantasm in Western Culture*. Minneapolis: University of Minnesota Press.

— (1998), *Homo Sacer: Sovereign Power and Bare Life*. Stanford, CA: Stanford University Press.

— (1999a), 'Une biopolitique mineure: un entretien avec Giorgio Agamben', in *Vacarme*, 10: 4–10.

— (1999b), *The Man without Content*. Stanford, CA: Stanford University Press.

— (1999c), *Potentialities: Collected Essays in Philosophy*. Stanford, CA: Stanford University Press.

— (2000), *Means without Ends: Notes on Politics*. Minneapolis and London: Minnesota University Press.

— (2004), *The Open: Man and Animal*. Stanford, CA: Stanford University Press.

— (2005), *State of Exception*. Chicago: The University of Chicago Press.

— (2007), *Infancy and History: On the Destruction of Experience*. London and New York: Verso.

— (2011), *Altissima povertà*. Vicenza: Neri Pozza.

Akerlof, George and Robert Shiller (2010), *Animal Spirits: How Human Psychology Drives the Economy, and Why it Matters for Global Capitalism*. Princeton and Oxford: Princeton University Press. Arendt, Hannah (1958), *The*

Human Condition. Chicago and London: University of Chicago Press.

Arthur, Chris (1986), *Dialectics of Labour: Marx and His Relation to Hegel*. Oxford: Blackwell.

Atzmüller, Roland, Joachim Becker, Ulrich Brand, Lukas Oberndorfer, Vanessa Redack and Thomas Sablowski (eds) (2013), *Fit für die Krise? Perspektiven der Regulationstheorie*. Münster: Westfälisches Dampfboot.

Backhouse, Roger (2002), *The Penguin History of Economics*. London: Penguin Books.

— (2012), *The Puzzle of Modern Economics: Science or Ideology?*. Cambridge: Cambridge University Press.

Backhouse, Roger and Steven Medema (2009), 'Retrospectives: On the definition of economics', in *Journal of Economic Perspectives*, 23(1): 221–33.

Badiou, Alain (2013), 'Affirmative dialectics: From logic to anthropology', in *International Journal of Badiou Studies*, 2(1).

Baran, Paul and Paul Sweezy (1966), *Monopoly Capital*. New York: Monthly Review Press.

Barker, Jason (2011), *Marx Reloaded*. Films Noirs and Medea Film.

Beck, Glenn (2010), *Broke: The Plan to Restore Our Trust, Truth and Treasure*. New York: Simon and Schuster.

Bellamy Foster, John and Robert McChesney (2012), *The Endless Crisis: How Monopoly-finance Capital Produces Stagnation and Upheaval from the USA to China*, Kindle Edition. New York: Monthly Review Press.

Benjamin, Walter (1921), 'Kapitalismus als Religion' (Fragment), in *Gesammelte Schriften*, edited by Rolf Tiedemann and Hermann Schweppenhäuser, vol. 6. Frankfurt on Main: Suhrkamp, 1991, 100–2.

— (1968), *Illuminations*. New York: Schocken Books.

— (1999), *Selected Writings, vol. 2, 1927-1934*. Cambridge, MA and London: The Belknap Press of Harvard University Press.

— (2002), *The Arcades Project*. Cambridge, MA and London: The Belknap Press of Harvard University Press.

— (2003), *Selected Writings, vol. 4, 1938-1940*. Cambridge, MA and London: The Belknap Press of Harvard University Press.

Bernanke, Ben (2006), 'Modern risk management and banking supervision', speech at the Stonier Graduate School of Banking, Washington, D.C., 12 June 2006. http://www.federalreserve.gov/newsevents/speech/ Bernanke20060612a.htm (accessed 14 February 2008).

Besley, Tim and Hennessy Peter (2009), [Open Letter to the Queen, 22 July

132

2009]. http://www.ft.com/queenletter (accessed 27 July 2009).

Black, John, Nigar Hashimzade and Gareth Myles (2009), *A Dictionary of Economics*, 3rd edn. Oxford and New York: Oxford University Press.

Blyth, Mark (2013), *Austerity: The History of a Dangerous Idea.* Oxford: Oxford University Press.

Bockelmann, Eske (2004), *Im Takt des Geldes: ZurGenese des Modernen Denkens.* Hannover: Klampen Verlag.

BoE and ECB (2014), 'The case for a better functioning securitisation market in the European Union', a joint discussion paper by the Bank of England and the European Central Bank, 27 May 2014. http://www.bankofengland.co.uk/publications/Documents/news/2014/paper300514.pdf (accessed 1 June 2014).

Boucher, Geoff (2008), *The Charmed Circle of Ideology: A Critique of Laclau & Mouffe, Butler & Žižek.* Melbourne: Re-press.

Brecht, Bertolt (1968), *Gesammelte Werke.* Vol. 10, Frankfurt: Suhrkamp.

Bryant, Levi R. (2008), 'Žižek's new universe of discourse: Politics and the discourse of the capitalist', in *International Journal of Žižek Studies*, 2(4).

Butler, Eamonn (2012), *Public Choice.* London: Institute of Economic Affairs.

Cable, Vince (2010), *The Storm: The World Economic Crisis and What It Means.* London: Atlantic Books.

Callinicos, Alex (2010), *Bonfire of Illusions: The Twin Crises of the Liberal World.* Cambridge: Polity Press.

Carchedi, Guglielmo (2010), *Behind the Crisis: Marx's Dialectic of Value and Knowledge.* Leiden and Boston: Brill.

Carney, Mark (2014), 'Inclusive capitalism: Creating a sense of the systemic', speech by the Governor of the Bank of England at the conference on *Inclusive Capitalism*, London, 27 May 2014. http://www.bankofengland.co.uk/publications/Documents/speeches/2014/speech731.pdf (accessed 2 June 2014).

Chang, Ha-Joon (2011), *23 Things They Don't Tell You About Capitalism.* London, New York and Toronto: Penguin.

Cho, Renee (2011), 'Have we crossed the 9 planetary boundaries?', in *State of the Planet*, Columbia University. http://www.blogs.ei.columbia. edu/2011/08/05/have-we-crossed-the-9-planetary-boundaries/ (accessed 5 March 2012).

Cloutier, George (2009), *Profits Aren't Everything, They're The Only Thing.* New York: Harper Business.

Coote, Anna (2013), 'Introduction: A new economics of work and time', in Anna Coote and Jane Franklin (eds), *Time On Our Side: Why We All Need a Shorter Working Week.* London: New Economics Foundation, ix–xxii.

133

Cowen, Tyler (2010), *The Great Stagnation*. London, New York and Toronto: Penguin.

Crouch, Colin (2011), *The Strange Non-Death of Neoliberalism*. Cambridge and Malden, MA: Polity Press.

Daly, Herman (1977), *Steady-State Economics the Economics of Biophysical Equilibrium and Moral Growth*. New York and San Francisco: W. H. Freeman.

— (1996), *Beyond Growth: Economics of Sustainable Development*. Boston: Beacon Press.

Dardot, Pierre and Christian Laval (2009), *The New Way of the World: On Neoliberal Society*, trans. Gregory Elliot. London and New York: Verso.

Daston, Lorraine (1992), 'Objectivity and the escape from perspective', in *Social Studies of Science*, 22: 597–618.

Daston, Lorraine and Peter Galison (2007), *Objectivity*. New York: Zone Books.

Datta, Asit (2013), *Armutszeugnis: Warum heute mehr Menschen hungern als vor 20 Jahren.* Munich: Deutscher Taschenbuch Verlag.

Davidson, Paul (2001), *The Keynes Solution: The Path to Global Economic Prosperity*. New York: Palgrave Macmillan.

Dear, Peter (1992), 'From truth to disinterestedness in the seventeenth century', in *Social Studies of Sciences*, 22: 619–31.

— (2009), *Revolutionizing the Sciences: European Knowledge and its Ambitions, 1500-1700*, 2nd edn. Princeton: Princeton University Press.

'Degrowth Declaration Barcelona 2010' (2010), http://www.degrowth.org/wp-content/uploads/2011/05/Degrowth_Declaration_Barcelona_2010.pdf (accessed 25 May 2011).

Deleuze, Gilles and Claire Parnet (1987), *Dialogues*. New York: Columbia University Press.

Denning, Steve (2011), 'From the great recession to the great stagnation', an interview with Glen Hutchins, in *Forbes*, 10 October 2011. http://www.forbes. com/sites/stevedenning/2011/10/10/from-the-great-recession-to-the-greatstagnation/ (accessed 2 May 2012).

Diamond, Jared (2006), *Collapse: How Societies Choose to Fail or Survive*. London, New York and Toronto: Penguin.

Dostoevsky, Fyodor (1996), *The Gambler* [1867]. New York: Dover Publications.   134

Dowd, Kevin and Martin Hutchinson (2010), *The Alchemists of Loss: How Modern Finance and Government Intervention Crashed the Financial System*. Chichester: John Wiley & Sons.

de la Durantaye, Leland (2009), *Giorgio Agamben. A Critical Introduction*.

Stanford, CA: Stanford University Press.

Eagleton, Terry (2011), *Why Marx Was Right*. New Haven and London: Yale University Press.

The Economist (2012), *The Third Industrial Revolution: A Special Report*, 21 April 2012. http://www.economist.com/node/21552901 (accessed 21 April 2012).

Eisenstein, Charles (2011), *Sacred Economics: Money, Gift and Society in the Age of Transition*. Berkeley, CA: Evolver Editions.

Elliott, Larry and Dan Atkinson (2009), *The Gods That Failed: How the Financial Elite Have Gambled Away Our Futures*. London: Vintage.

Ellwood, Wayne (2014), *No-Nonsense Guide to De-Growth and Sustainability*. Oxford: New Internationalist.

Engels, Friedrich (1876), 'The part played by labour in the transition from Ape to Man', trans. Clemens Dutt, in *Marx-Engels Collected Works*, vol. 25. London: Lawrence & Wishart, 1987, 452–65.

Esposito, Roberto (2010), *Communitas: The Origin and Destiny of Community*. Stanford, CA: Stanford University Press.

Feldner, Heiko (1999), *Das Erfahrnis der Ordnung*, with illustrations by Ute Feldner. Frankfurt on Main.

— (2011), 'Quo Vadis Marx?', in Heiko Feldner, Claire Gorrara and Kevin Passmore (eds), *The Lost Decade*. Newcastle: Cambridge Scholars Publishing, 40–68.

Ferguson, Niall (2012), 'The Darwinian economy', The Reith Lectures, no. 2, New York Historical Society, broadcast on BBC Radio 4, 26 June 2012. http://www.bbc.co.uk/programmes/b01jmxqp/features/transcript (accessed 26 June 2012).

Fine, Ben and Dimitris Milonakis (2009), *From Economics Imperialism to Freakonomics: The Shifting Boundaries between Economics and other Social Sciences*. London and New York: Routledge.

Foucault, Michel (1970), *The Order of Things: An Archaeology of the Human Sciences* [1966]. London and New York: Routledge.

Franchi, Stefano (2004), 'Passive politics', in *Contretemps* 5 (December 2004): 30–41.

Gabriel, Sigmar (2014), 'Unsere politischen Konsequenzen aus der Google-Debatte', in *Frankfurter Allgemeine Zeitung*, 16 May 2014. http://www.faz.net/ aktuell/ feuilleton/debatten/die-digital-debatte/sigmar-gabriel-konsequenzen-dergoogle-debatte-12941865.html (accessed 14 June 2014).

Gamble, Andrew (2009), *The Spectre at the Feast: Capitalist Crisis and the Politics of Recession*. London and New York: Palgrave Macmillan.

Garber, Jörn (1999), 'Selbstreferenz und Objektivität: Organisationsmodelle von

Menschheits- und Weltgeschichte in der deutschen Spätaufklärung', in Hans Erich Bödecker, Hans Reill und Jürgen Schlumbohm (eds), *Wissenschaft als kulturelle Praxis*. Göttingen: Vandenhoeck& Ruprecht, 137–87.

Gaskin, John C. A. (2008), 'Introduction', in Thomas Hobbes, *Human Nature and De Corpore Politico*, ed. and intro. John C. A. Gaskin. Oxford and New York: Oxford University Press, xi–xlii.

Gay, Peter (1985), *Freud for Historians*. New York and Oxford: Oxford University Press.

Georgescu-Roegen, Nicholas (1971), *The Entropy Law and the Economic Process*. Cambridge, MA: Harvard University Press.

Gorz, André (2005), *Reclaiming Work: Beyond the Wage-Based Society*, trans. Chris Turner. Cambridge and Malden, MA: Polity.

Graeber, David (2011), *Debt: The First 5,000 Years*. New York: Melville House Publishing.

Greenspan, Alan (1967), 'The assault on integrity', in Ayn Rand, *Capitalism: The Unknown Ideal*, with additional articles by Nathaniel Branden, Alan Greenspan and Robert Hessen. New York: Signet Book, 126–30.

— (2008), [Testimony to the Congressional Committee for Oversight and Government Reform on 23 October 2008], in *European Affairs*, 10(1–2). http:// www.europeaninstitute.org/2008120224/Winter/Spring-2009/alan-greenspan- explains-mistake-behind-global-meltdown.html (accessed 12 November 2009).

— (2009), 'Market crisis "will happen again"', BBC interview, 8 September 2009. http://www.news.bbc.co.uk/go/pr/fr/-/1/hi/business/8244600.stm (accessed 9 September 2009).

— (2012), 'Meddle with the market at your peril', in *Financial Times*, 25 January 2012. http://www.ft.com/cms/s/0/1c76d726-4687-11e1-89a8-00144feabdc0. html#axzz1kZEGjAw4 (accessed 28 January 2012).

— (2013), *The Map and the Territory: Risk, Human Nature and the Future of Forecasting*. London, New York and Melbourne: Allen Lane.

Hardt, Michael and Antonio Negri (2001), *Empire*. Cambridge, MA: The Belknap Press of Harvard University Press.

— (2004), *Multitude*. Cambridge, MA: The Belknap Press of Harvard University Press.

— (2009), *Commonwealth*. Cambridge, MA: The Belknap Press of Harvard University Press.

Harman, Chris (2009), *Zombie Capitalism: Global Crisis and the Relevance of*

135

Marx. London: Bookmarks Publications.

Harvey, David (2011), *The Enigma of Capital and the Crises of Capitalism* (updated and extended). London: Profile Books.

— (2014), *Seventeen Contradictions and the End of Capitalism*. London: Profile Books.

Haug, Wolfgang Fritz (2012), *Hightech Kapitalismus in der Großen Krise*. Hamburg: Argument Verlag.

Hawken, Paul, Amory B. Lovins and L. Hunter Lovins (2010), *Natural Capitalism: The Next Industrial Revolution* (rev. edn). London and Washington: Earthscan.

Heidegger, Martin (1997), *Kant and the Problem of Metaphysics* [1929]. Indianapolis: Indiana University Press.

Heinberg, Richard (2011), *The End of Growth: Adapting to Our New Economic Reality*. Forest Row: Clairview Books.

Heller-Roazen, Daniel (2005), *Echolalias: On the Forgetting of Language*. New York: Zone Books.

Helvétius, Claude Adrien (1758), *De l'esprit; or, Essays on the Mind, and its Several Faculties,* trans.William Mudford. London: M. Jones, 1807.

Hill, Amelia (2012), 'Millions of working families one push from penury', in *The Guardian*, 18 June 2012. http://www.guardian.co.uk/society/2012/jun/18/working-britons-one-push-from-penury (accessed 18 June 2012).

Hitler, Adolf (1939), 'Reichstag Speech, 30 January 1939', in Norman H. Baynes (ed.) (1969), *The Speeches of Adolf Hitler: April 1922 – August 1939*, vol. 1. New York: Howard Fertig, 736–41.

Hobbes, Thomas (1651), *De Cive: Philosophical Rudiments Concerning Government and Society*, in Thomas Hobbes, *Man and Citizen,* ed. and intro. Bernard Gert. Indianapolis and Cambridge: Hackett Publishing Company, 1991, 87–386.

— (1656), 'Six lessons to the Savillian Professors of Mathematics', in *The English Works of Thomas Hobbes*, ed. William Molesworth, 11 vols. London: Bohn, 1839–45, vol. 7, 183–4.

d'Humières, Patrick (2010), *Le développement durable va-t-il tuer le capitalisme?: Les réponses de l'éco-capitalisme*. Paris: Editions Maxima.

Huntington, Samuel (1996), *The Clash of Civilizations and the Remaking of World Order*. New York: Simon and Schuster.

Hutton, Will (2008), 'We need a moral vision as well as money to rebuild Britain', in *The Observer*, 28 December 2008, 21.

— (2009), 'Unless we are decisive Britain faces bankruptcy', in *The Observer*,

136

18 January 2009, 35.

— (2010), *Them and Us: Changing Britain—Why We Need a Fair Society.* London: Little, Brown.

— (2012a), 'Mervyn King didn't grasp the crisis then—and he doesn't now', in *The Observer*, 6 May 2012, 34.

— (2012b), 'Britain's future lies in a culture of open and vigorous innovation', in *The Observer*, 14 October 2012. http://www.guardian.co.uk/commentisfree/2012/oct/14/will-hutton-britain-innovation-hub (accessed 15 October 2012).

Jackson, Tim (2009), *Prosperity without Growth: Economics for a Finite Planet.* London and Washington: Earthscan.

— (2013), 'The trouble with productivity', in Anna Coote and Jane Franklin (eds), *Time On Our Side: Why We All Need a Shorter Working Week.* London: New Economics Foundation, 25–30.

Jaeger, Carlo C., Leonidas Paroussos, Diana Mangalagiu, Roland Kupers, Antoine Mandel and Joan David Tàbara (2011), *A New Growth Path for Europe: Generating Prosperity and Jobs in the Low-Carbon Economy. Final Report*, commissioned by the German Federal Ministry for the Environment, Nature Conservation and Nuclear Safety. Potsdam: European Climate Forum.

Jennings, Ronald (2011), 'Sovereignty and political modernity: A genealogy of Agamben's critique of sovereignty', in *Anthropological Critique*, 11(1): 23–61.

Jessop, Bob (2007), *State Power: A Strategic-Relational Approach.* Cambridge and Malden/MA: Polity.

Johnson, Simon (2009), 'The Quiet Coup', in *The Atlantic*, May 2009. http://www.theatlantic.com/magazine/archive/2009/05/the-quiet-coup/307364/ (accessed 23 April 2012).

Kaletsky, Anatole (2011), *Capitalism 4.0: The Birth of a New Economy in the Aftermath of Crisis* (revised and updated edition). London, Berlin and New York: Bloomsbury.

Kallis, Giorgos (2011), 'In defence of degrowth', in *Ecological Economics*, 70: 873–80. http://www.degrowth.org/wp-content/uploads/2011/08/In-defense-ofdegrowth.pdf (accessed 12 January 2012).

Kant, Immanuel (1755), *Allgemeine Naturgeschichte und Theorie des Himmels.* Königsberg and Leipzig.

— (1784), 'Idee zu einer allgemeinen Geschichte in weltbürgerlicher Absicht', in Immanuel Kant (ed.), *Von den Träumen der Vernunft.* Leipzig and Weimer: Kiepenheuer 1981, 201–21.

137

— (1795), *Perpetual Peace: A Philosophical Essay*, trans. and intro. Mary Campbell Smith, London: George Allen and Unwin, 1917.

— (1798), *Anthropology from a Pragmatic Point of View*, trans. and ed. Robert Louden. Cambridge, New York and Melbourne: Cambridge University Press, 2006.

Keegan, William (2009), 'When there's no cashflow, Mr Cameron, saving won't save us', in *The Observer*, 11 January 2009, 8.

Kennedy, Gavin (2009), 'Adam Smith and the invisible hand: From metaphor to myth', in *Econ Journal Watch* 6(2): 239–63.

Keynes, John Maynard (1930), 'Economic possibilities for our grandchildren', in John Maynard Keynes, *Essays in Persuasion*. New York: Harcourt, Brace and Company, 1932, 358–73.

— (1936), *The General Theory of Employment, Interest and Money*. London: Macmillan.

King, Mervyn (2012), 'The 2012 BBC Today Pogramme Lecture', 2 May 2012. http://www.news.bbc.co.uk/today/hi/today/newsid_9718000/9718062.stm (accessed 3 May 2012).

Klein, Naomi (2014), *This Changes Everything: Capitalism vs. the Climate*. London, New York and Toronto: Allen Lane.

Kliman, Andrew (2012), *The Failure of Capitalist Production: Underlying Courses of the Great Recession*. London: Pluto Press.

Kluge, Alexander and Heiner Müller (1996), *'Ich bin ein Landvermesser': Gespräche mit Heiner Müller. Neue Folge*. Hamburg: Robuch Verlag.

Kondylis, Panajotis (2002), *Die Aufklärung im Rahmen des neuzeitlichen Rationalismus*. Hamburg: Felix Meiner Verlag.

Koselleck, Reinhart (1979), *Vergangene Zukunft: Zur Semantik geschichtlicher Zeiten*. Frankfurt on Main: Suhrkamp.

KPMG (2012), 'One in five UK workers paid less than the living wage', available at http://www.kpmg.com/UK/en/IssuesAndInsights/ArticlesPublications/NewsReleases/Pages/One-in-five-UK-workers-paid-less-than-the-Living-Wage. aspx (accessed 29 October 2012).

Krugman, Paul (2009), *A Country is Not A Company*. Boston, MA: Harvard Business School Publishing (first published in *Harvard Business Review,* January 1996).

— (2012), *End this Depression Now!*. London and New York: W. W. Norton.

Krugman, Paul and Robin Wells (2009), *Economics*, 2nd edn. New York: Worth Publishers.

— (2011), 'The busts keep getting bigger: Why?', in *The New York Review of*

Books, 58(12), 14 July 2011. http://www.nybooks.com/articles/archives/2011/jul/14/busts-keep-getting-bigger-why (accessed 5 August 2011).

Kunkel, Benjamin (2014), *Utopia or Bust: A Guide to the Present Crisis*. London and New York: Verso.

Kurz, Robert (1991), *Der Kollaps der Modernisierung: Vom Zusammenbruch des Kasernensozialismus zur Krise der Weltökonomie*. Frankfurt on Main: Eichborn.

— (1995), 'Politische Ökonomie des Anti-Semitismus', in *Krisis: Beiträge zur Kritik der Warengesellschaft*, 16/17: 177–218.   138

— (1999), *Schwarzbuch Kapitalismus: Ein Abgesang auf die Marktwirtschaft*. Frankfurt on Main: Eichborn.

— (2005a), *Das Weltkapital: Globalisierung und innere Schranken des modernen warenproduzierenden Systems*. Berlin: Edition Tiamat.

— (2005b), 'Der ontologische Bruch: Vor einer anderen Weltgeschichte', in Robert Kurz, Roswitha Scholz and Jörg Ulrich, *Der Alptraum der Freiheit: Perspektiven radikaler Gesellschaftskritik*. Blaubeurn and Ulm: Verlag Ulmer Manuskripte, 13–36.

— (2012), *Geld ohne Wert: Grundrisse zu einer Transformation der Kritik der politischen Ökonomie*. Berlin: Horlemann Verlag.

Lacan, Jacques (1970), *Radiophonie*, in *Scilicet 2/3* (Paris: Seuil) 1970, 55–99. English translation by Jack W. Stone, available online at *web.missouri. edu/~stonej/Radiophonie.pdf* (accessed 14 January 2013).

— (1970–1), *Seminar XVIII. On a discourse that might not be a semblance* (unpublished).

— (1972), 'On psychoanalytic discourse', in *Lacan in Italia, 1953–1978* (Milan: La Salmandra) 1978, 32–55. English translation by Jack W. Stone, available online at *web.missouri.edu/~stonej/Milan_Discourse2.pdf* (accessed 12 January 2013).

— (1992), *The Seminar of Jacques Lacan, Book VII, The Ethics of Psychoanalysis*. London: Routledge.

— (1997), *The Seminar of Jacques Lacan, Book III, The Psychoses*. New York and London: W. W. Norton.

— (1998a), *The Seminar, Book XI. The Four Fundamental Concepts of Psychoanalysis*. New York and London: W. W. Norton.

— (1998b), *The Seminar, Book XX. On Feminine Sexuality. The Limits of Love and Knowledge*. New York and London: W. W. Norton.

— (2001), 'Les complexes familiaux dans la formation de l'individu: Essay d'analyse d'une function en psychologie', in *Autres écrits*, edited by Jacques-Alain Miller. Paris: Seuil, 23–84.

— (2003), *Le Séminaire de Jacques Lacan: 1961-1962. L'identification* (Paris: Roussan). Unpublished in English. English translation from unedited French manuscripts by Cormac Gallagher, available online at http://www.lacaninireland.com/web/wp-content/uploads/2010/06/Seminar-IX-Amended-Iby-MCL-7.NOV_.20111.pdf (accessed 4 April 2014).

— (2004), *Le Séminaire, Livre X, L'angoisse.* Paris: Seuil.

— (2006a), *Écrits. The First Complete English Edition.* New York and London: W. W. Norton.

— (2006b), *Le séminaire, Livre XVI: D'un Autre à l'autre.* Paris: Seuil (unpublished in English). English translation from unedited French manuscripts by Cormac Gallagher, available online at http://www.lacaninireland.com/web/?page_id=123.

— (2007a), *Le Séminaire. Livre XVIII D'un discours qui ne serait pas du semblant.* Paris: Seuil (unpublished in English). English translation from unedited French manuscripts by Cormac Gallagher, available online at http://www. lacaninireland.com/web/?page_id=123.

— (2007b), *The Seminar, Book XVII. The Other Side of Psychoanalysis.* New York and London: W. W. Norton.

— (2007c), *Le Séminaire. Livre XVIII. D'un discours qui ne serait pas du semblant.* Paris: Seuil (unpublished in English). English translation from unedited French manuscripts by Cormac Gallagher, available online at http:// www. lacaninireland.com/web/?page_id=123 (accessed 5 May 2013).

Lapavitsas, Costas (2013), *Profiting without Producing: How Finance Exploits Us All.* London and New York: Verso.

Latouche, Serge (2009), *Farewell to Growth.* Cambridge and Malden, MA: Polity.

Leech, Gary (2014), *Capitalism: A Structural Genocide.* London and New York: Zed Books.

Leontief, Wassily (1983), 'National perspective: The definition of problems and opportunities', in *The Long-Term Impact of Technology on Employment and Unemployment. A National Academy of Engineering Symposium*, 30 June 1983. Washington, D.C.: National Academy Press, 3–7.

Lesourd, Serge (2006), *Comment taire le subjet? Des discours aux parlottes liberals*. Toulouse: Erès.

Loughlin, Sean (2003), 'Rumsfeld on looting in Iraq: "Stuff happens"'. http://www.edition.cnn.com/2003/US/04/11/sprj.irq.pentagon/, 12 April 2003 (accessed 14 September 2009).

139

Lucas, Robert (2003), 'Macroeconomic priorities', in *American Economic Review*, 93(1): 1–14.

Magdoff, Fred and Michael Yates (2009), *The ABCs of the Economic Crisis: What Working People Need to Know*. New York: Monthly Review Press.

Malthus, Thomas (1798), *An Essay on the Principle of Population as it Affects the Future Improvement of Society*, edited and introduced by Geoffrey Gilbert. Oxford and New York: Oxford University Press, 2008.

Mandel, Ernest (1975), *Late Capitalism*, trans. Joris De Bres. London: NLB.

Mandeville, Bernard (1714), *The Fable of the Bees, or, Private Vices, Publick Benefits.* London: Penguin Books, 1989.

Marazzi, Christian (2011), *The Violence of Financial Capitalism*, 2nd edn, trans. Kristina Lebedeva and Jason Francis Mc Gimsey. Los Angeles: Semiotext(e).

Marx, Karl (1975), 'Draft of an article on Friedrich List's book: Das nationale System der politischen Oekonomie' [1845], in *Marx-Engels Collected Works*, vol. 4. London: Lawrence and Wishart, 265–94.

— (1980), 'The trade crisis in England' [1857], *New York Daily Tribune*, no. 5196, 15 December 1857, in *Marx-Engels Collected Works*, vol. 15. Moscow: Progress Publishers, 1980, 400–3.

— (1990), *Capital: A Critique of Political Economy*, vol. 1, trans. Ben Fowkes. London, New York and Toronto: Penguin.

— (1991), *Capital: A Critique of Political Economy*, vol. 3, trans. David Fernbach. London, New York and Toronto: Penguin.

— (1992), *Capital: A Critique of Political Economy*, vol. 2, trans. David Fernbach. London, New York and Toronto: Penguin.

— (1993), *Grundrisse: Foundations of the Critique of Political Economy* [1857–58], trans. Ben Fowkes. London, New York and Toronto: Penguin.

— (1994), 'Results of the direct production process' [1864], in *Marx-Engels Collected Works*, vol. 34, trans. Ben Fowkes. London: Lawrence and Wishart, 355–467.

Mattick, Paul (2011), *Business as Usual: The Economic Crisis and the Failure of Capitalism.* London: Reaction Books.

McDonough, Terrence, Michael Reich and David M. Kotz (eds) (2010), *Contemporary Capitalism and its Crises: Social Structure of Accumulation Theory for the 21st Century.* Cambridge, New York and Melbourne: Cambridge University Press.

Megill, Allan (1994), 'Four senses of objectivity', in Allan Megill (ed.), *Rethinking Objectivity*. Durham and London: Duke University Press, 1–20.

Mill, John Stuart (1904), *Principles of Political Economy*. New York: Longmans,

140

Green and Co.

Milonakis, Dimitris and Ben Fine (2009), *From Political Economy to Economics: Method, the Social and the Historical in the Evolution of Economic Theory.* London and New York: Routledge.

Monbiot, George (2012), 'A manifesto for psychopaths: Ayn Rand's ideas have become the Marxism of the new right', 5 March 2012. http://www.monbiot. com/2012/03/05/a-manifesto-for-psychopaths (accessed 6 March 2012).

Murray, Alex (2010), *Giorgio Agamben.* New York: Routledge.

Nagel, Thomas (1986), *The View From Nowhere.* Oxford, New York and Toronto: Oxford University Press.

Nancy, Jean-Luc (1991), *The Inoperative Community.* Minneapolis: University of Minnesota Press.

Nobus, Danny and Malcolm Quinn (2005), *Knowing Nothing, Staying Stupid. Elements for a Psychoanalytic Epistemology.* London and New York: Routledge.

OECD (2011), *Towards Green Growth.* Paris: OECD Publishing. http://www. oecd. org/greengrowth/towardsgreengrowth.htm (accessed 21 May 2012).

ONS (2012), 'Labour market statistics, October 2012', statistical bulletin of the Office for National Statistics, available at http://www.ons.gov.uk/ons/ dcp171778_279723.pdf (accessed 29 October 2012).

Perelman, Michael (2006), *Railroading Economics: The Creation of the Free Market Mythology.* New York: Monthly Review Press.

Pfaller, Robert (2003), *Illusionen der Anderen: Über das Lustprinzip in der Kultur.* Frankfurt on Main: Suhrkamp.

— (2009), *Ästethik der Interpassivität.* Hamburg: Philo Fine Arts.

Piketty, Thomas (2014), *Capital in the Twenty-First Century*, trans. Arthur Goldhammer. Cambridge, MA and London: The Belknap Press of Harvard University Press.

Postone, Moishe (1993), *Time, Labor, and Social Domination: A Reinterpretation of Marx' Critical Theory.* Cambridge: Cambridge University Press.

— (2012), 'Die Deutschen inszenieren sich am liebsten als Opfer', in Hermann Gremliza (ed.), *No way out? 14 Versuche, die gegenwärtige Finanz- und Wirtschaftskrise zu verstehen.* Hamburg: Konkret Verlag, 165–75.

Rand, Ayn (1967), *Capitalism: The Unknown Ideal*, with additional articles by Nathaniel Branden, Alan Greenspan and Robert Hessen. New York et al.: Signet Book.

Rankin, Jennifer (2014), 'Asset-backed securities poised for comeback, says Bank of England deputy', in *The Guardian*, 2 June 2014. http://www.theguardian.

com/business/2014/jun/02/asset-backed-securities-financial-crisis (accessed 3 June 2014).

Rawnsley, Andrew (2009), 'These bankers are lucky that they are not going to jail', in   141
The Observer, 1 March 2009. http://www.theguardian.com/ commentisfree/2009/ mar/01/fred-goodwin-pension-rbs (accessed 2 March 2009).

Reinert, Erik S. (2007), *How Rich Countries Got Rich ... And Why Poor Countries Stay Poor.* London: Constable.

Reinhart, Carmen M. and Kenneth S. Rogoff (2009), *This Time is Different: Eight Centuries of Financial Folly.* Princeton and Oxford: Princeton University Press.

Resilience Alliance (2009), 'Planetary boundaries: Exploring the safe operating space for humanity', in *Ecology & Society* 14(2): 32. http://www. ecologyandsociety.org/vol14/iss2/art32/ (accessed 21 November 2010).

Rifkin, Jeremy (1995), *The End of Work: The Decline of the Global Labor Force and the Dawn of the Post-Market Era.* New York: G.P. Putnam's Sons.

— (2011), *The Third Industrial Revolution: How Lateral Power is Transforming Energy, the Economy, and the World.* New York and Basingstoke: Palgrave Macmillan.

— (2014), *The Zero Marginal Cost Society:The Internet of Things, the Collaborative Commons, and the Eclipse of Capitalism.* Basingstoke and NewYork: Palgrave Macmillan.

Robbins, Lionel (1932), *An Essay on the Nature and Significance of Economic Science.* London: Macmillan.

Roubini, Nouriel (2012), 'Global economy; reasons to be fearful', in *The Guardian*, 18 June 2012. http://www.guardian.co.uk/business/2012/jun/18/globaleconomy-perfect-storm (accessed 20 June 2012).

Roubini, Nouriel and Stephen Mihm (2011), *Crisis Economics: A Crash Course in the Future of Finance.* London, New York and Toronto: Penguin.

Rüdiger, Axel (2005), *Staatslehre und Staatsbildung: Die Staatswissenschaft an der Universität Halle im 18. Jahrhundert.* Tübingen: Max Niemeyer Verlag.

Sainsbury, David (2013), *Progressive Capitalism: How to Achieve Economic Growth, Liberty and Social Justice.* London: Biteback Publishing.

Salzani, Carlo (2012), '*Quodlibet*: Giorgio Agamben's Anti-Utopia', in *Utopian Studies* 23(1): 212–37.

Samuels, Warren J. (2011), *Erasing the Invisible Hand: Essays on an Elusive and Misused Concept in Economics.* Cambridge: Cambridge University Press.

Samuelson, Paul (1976), *Economics*, 10th edn. New York: McGraw-Hill.

Samuelson, Paul and William Nordhaus (2009), *Economics*, 19th edn. New York et al.: McGraw-Hill.

Say, Jean-Baptiste (1816), *Catechism of Political Economy*, trans. John Richter. London: Sherwood, Neely and Jones.

Schmecker, Frank (2014), *Night of the World: Traversing the Ideology of Objectivity*. Winchester and Washington: Zero Books.

Schumpeter, Joseph (1942), *Capitalism, Socialism and Democracy*. London and New York: Routledge.

Shapin, Steven (1996), *The Scientific Revolution*. London and Chicago: Chicago University Press.

Sharpe, Matthew (2009), 'Only Agamben can save us? Against the Messianic turn recently adopted in critical theory', in *The Bible and Critical Theory*, 5(3): 40.1–40.20.

Sinn, Hans-Werner (2011), *Kasino-Kapitalismus: Wie es zur Finanzkrise kam, und was jetzt zu tun ist*, 2nd edn. Berlin: Ullstein.

Skidelsky, Robert (2009), *Keynes: The Return of the Master*. London, New York and Toronto: Penguin.

— (2013), 'In search of the "Good Life"', in Anna Coote and Jane Franklin (eds), *Time On Our Side: Why We All Need a Shorter Working Week*. London: New Economics Foundation, 21–5.

Smith, Adam (1759), *The Theory of Moral Sentiments*. London, New York and Toronto: Penguin, 1991.

— (1776), *An Inquiry into the Nature and Causes of the Wealth of Nations*. Oxford and New York: Oxford University Press, 1993.

Smith, Murray E. G. (2010), *Global Capitalism in Crisis: Karl Marx and the Decay of the Profit System*. Halifax and Winnipeg: Fernwood Publishing.

Sohn-Rethel, Alfred (1970), *Geistige und Körperliche Arbeit: Zur Theorie der gesellschaftlichen Synthesis*. Frankfurt on Main: Suhrkamp.

Stern, Nicholas (2007), *The Economics of Climate Change: The Stern Review*. Cambridge: Cambridge University Press.

— (2009a), *The Global Deal: Climate Change and the Creation of a New Era of Progress and Prosperity*. New York: Public Affairs.

— (2009b), 'The economic crisis and the two great challenges of the 21st century'. http://www.lse.ac.uk/GranthamInstitute/wp-content/uploads/2014/03/PPEconCrisisSternMarch09.pdf (accessed 6 September 2009).

— (2014), 'Climate change is here now and it could lead to global conflict', in *The Guardian*, 14 February 2014. http://www.theguardian.com/environment/2014/ feb/13/storms-floods-climate-change-upon-us-lord-stern

142

(accessed 15 February 2014).

Stiglitz, Joseph (2010a), *Freefall: Free Markets and the Sinking of the Global Economy*. London, New York and Toronto: Allen Lane.

— (2010b), *The Stiglitz Report: Reforming the International Monetary and Financial Systems in the Wake of the Global Crisis*, by Joseph Stiglitz and Members of a UN Commission of Financial Experts. New York and London: The New Press.

Streeck, Wolfgang (2014), *Buying Time: The Delayed Crisis of Democratic Capitalism*. London and New York: Verso.

Stuckler, David and Sanjay Basu (2013), *The Body Economic: Why Austerity Kills*. London: Allen Lane.

Svenungsson, Jayne (2010), 'Wrestling with angels: Or how to avoid decisionist Messianic romances', in *International Journal of Žižek Studies*, 4(4).

Tett, Gillian (2009), *Fool's Gold: How Unrestrained Greed Corrupted a Dream, Shattered Global Markets and Unleashed a Catastrophe*. London: Little, Brown.

Therborn, Göran (2013), *The Killing Fields of Inequality*. Cambridge and Malden, MA: Polity Press.

Thompson, Edward P. (2013), *The Making of the English Working Class* [1963]. London, New York and Toronto: Penguin.

Traynor, Ian (2010), 'How the Euro - and the EU - Teetered on the Brink of Collapse', in *The Guardian*, 15 May 2010.

Vercellone, Carlo (2010), 'The crisis of the law of value and the becoming-rent of profit', in Fumagalli, Andrea and Sandro Mezzadra (eds), *Crisis in the Global Economy: Financial Market, Social Struggles, and New Political Scenarios*. Los Angeles: Semiotext(e), 85–118.

Vico, Giambattista (1744), *Scienza Nuova: Principles of the New Science Concerning the Common Nature of Nations*, trans. David Marsh, 3rd rev. edn. London: Penguin Books, 1999.

Vighi, Fabio (2010), *On Žižek's Dialectics: Surplus, Subtraction, Sublimation*. London and New York: Continuum.

— (2012), *Critical Theory and Film: Rethinking Ideology through Film Noir*. London and New York: Continuum.

Vighi, Fabio and Heiko Feldner (2010), 'From subject to politics: The Žižekan field today', in *Subjectivity*, 3(1): 31–52.

Vincent, Jean-Marie (1991), *Abstract Labour: A Critique*. Basingstoke: Palgrave Macmillan.

Vogl, Joseph (2008), *Kalkül und Leidenschaft: Poetik des ökonomischen Menschen*,

143

3rd edn. Zürich: Diaphanes.

— (2011), *Das Gespenst des Kapitals*, 2nd edn. Zürich: Diaphanes.

Vonnegut, Kurt (1961), *Mother Night.* New York: Rosetta Books, 2011.

Voruz, Véronique and Bogdan Wolf (eds) (2007), *The Later Lacan: An Introduction.* New York: SUNY Press.

Vovelle, Michel (ed.) (1997), *Enlightenment Portraits*. Chicago and London: Chicago University Press.

Wall, Thomas Carl (1999), *Radical Passivity: Levinas, Blanchot, and Agamben.* New York: State University of New York Press.

Weber, Max (1904–5), *The Protestant Ethic and the Spirit of Capitalism*, trans. Talcott Parsons, 2nd edn. London and New York: Routledge, 2001.

— (1922), *Economy and Society*, trans. Ephraim Fischoff, ed. Guenther Roth and Claus Wittich. Berkeley and Los Angeles: University of California Press, 1968.

Wehler, Hans-Ulrich (2005), *Deutsche Gesellschaftsgeschichte*, vol. 2: *Von der Reformära bis zur industriellen und politischen 'Deutschen Doppelrevolution' 1815-1845/49*, 4th edn. Munich: C.H. Beck.

Weiss, Gary (2012), *Ayn Rand Nation: The Hidden Struggle for America's Soul.* New York: St. Marin's Press.

Wiener, Norbert (1948), *Kybernetik: Regelung und Nachrichtenübermittlung im Lebewesen und in der Maschine.* Düsseldorf: Droste.

Wight, Jonathan B. (2007), 'The treatment of Smith's invisible hand', in *Journal of Economic Education*, 38(3): 341–58.

Wittrock, Björn, Johan Heilbron and Lars Magnusson (eds) (1998), *The Rise of the Social Sciences and the Formation of Modernity*, Dordrecht: Kluwer Academic Publishers.

Wolf, Martin (2009), *Fixing Global Finance: How to Curb Financial Crises in the 21st Century.* New Haven and London: Yale University Press.

— (2011), 'How the crisis catapulted us into the future', in *Financial Times*, 11 February 2011. http://www.ft.com/cms/s/0/5fc7e840-2e45-11e0-873300144feabdc0.html#axzz1CnhX3j8r (accessed 12 February 2011).

Wolff, Richard (2010), *Capitalism Hits the Fan: The Global Economic Meltdown and What to Do About It.* Northampton/MA: Olive Branch Press.

'World Debt Comparison: The Global Debt Clock', in *The Economist.* http://www. economist.com/content/global_debt_clock (accessed 30 May 2014).

Wu, Chien-heng (2009), 'That obscure object (a) of drive: The politics of negativity in Derrida and Žižek', in *Concentric: Literary and Cultural Studies*, 35(2): 69–102.

144

Zischka, Anton (1942), *Sieg der Arbeit: Geschichte des fünftausendjährigen Kampfes gegen Unwissenheit und Slaverei*. Leipzig: Wilhelm Goldmann Verlag.

Žižek, Slavoj (1989), *The Sublime Object of Ideology*. London and New York: Verso.

— (1993), *Tarrying with the Negative*. London and New York: Verso.

— (1994), *The Metastases of Enjoyment. Six Essays on Woman and Causality*. London and New York: Verso.

— (1997), *The Plague of Fantasies*. London and New York: Verso.

— (2003), *The Puppet and the Dwarf*. Cambridge, MA and London: MIT Press.

— (2006a), *How to Read Lacan*. London: Granta Books.

— (2006b), *The Parallax View*. London and Cambridge, MA: MIT Press.

— (2007a), 'A plea for a return to *Différance* (with a Minor *Pro Domo Sua*)', in Costas Douzinas (ed.), *Adieu Derrida*. New York: Palgrave Macmillan, 109–33.

— (2007b), 'Divine violence and liberated territories. SOFT TARGETS talks with Slavoj Žižek', in *Soft Targets* (14 March 2007), available from http://www. softtargetsjournal.com/web/zizek.php (accessed 20 October 2013).

— (2008a), *Violence: Six Sideways Reflections*. London: Profile Books.

— (2008b), 'Klassenkampf in Washington', in *Die Zeit*, no. 42, 9 October 2008, 64.

— (2009), *First as Tragedy, Then as Farce*. London and New York: Verso.

— (2010), *Living in the End Times*. London and New York: Verso.

— (2012), *Less than Nothing. Hegel and the Shadow of Dialectical Materialism*. London and New York: Verso.

Zupančič, Alenka (2006), 'When surplus enjoyment meets surplus value', in Justin Clemens and Russell Grigg (eds), *Reflections on Seminar XVII. Jacques Lacan and the Other Side of Psychoanalysis*. Durham, NC and London: Duke University Press, 155–78.

索 引

（页码均为英文原版页码，可参见边栏所显示页码）

译后记

　　《批判理论与当代资本主义危机》是英国萨塞克斯大学批判理论与现代欧洲史教授达罗·谢克特（Darrow Schecter）所主编的系列丛书"批判理论与当代社会"中的一本。该丛书目前已经出版了8册，围绕批判理论与日益复杂、高度分化的全球化社会之间的关系，探讨了包括全球变暖、金融危机、后国家时代、恐怖主义、电影等现象在内的一系列复杂的问题。本书作者之一法比奥·维吉的《批判理论与电影》也一并收录其中。丛书的共同立场是，批判理论为理解当代各种社会现象和政治经济冲突提供了恰当的概念，也是最有效的方法之一，同时批判理论也必须时时更新以跟上21世纪的现实。正如达罗·谢克特在其所著的具有总论性质的《21世纪的批判理论》（*Critical Theory in the Twenty-First Century*）一书中所说："最先耗尽公共经济资源的私人企业和金融市场似乎以某种方式存在于不受社会和政治批评的空间，因此必须更新批判理论，以便掌握形成当前政策的力量所具有的特征，这些力量决定性地影响了我们对21世纪可能出现怎样的政治前景的理解。"

　　《批判理论与当代资本主义危机》将马克思与拉康的理论结合起来，对自2008年金融危机以来资本主义世界的危机进行了全面、深刻的剖析与评估。本书得到了齐泽克的高度赞扬，他在推荐语中称："菲尔德纳和维吉的新书是我们期待已久的。在对当前依然持续着的经济和金融危机进行诊断时，它巧妙地将具体的经济分析与对当今世界的哲学、文化的解读结合起来。只有这种同时处理阿兰·格林斯潘和吉奥乔·阿甘本的方法才能做好它的工作。"因此本书既是哲学性的，又是实证性的，同时强调政治批判；它既跨越了学科界限，在某种意义上也拓展了各学科的限度。

本书提供了一系列令人印象深刻的数字，来剖析这场全球金融危机的性质。从 2008 到 2011 年间，全球范围内共支取了 15 万亿美元的公共资金来应对这场经济危机，使得"主权债务"的总额达到 39 万亿美元，在 2014 年 5 月底进一步攀升至 53 万亿。同时，经济合作与发展组织各经济体的增长率持续下滑，年均增长率从 20 世纪 60 年代的 5.3% 跌至 90 年代的 2.5%，而失业率则年年攀升，2012 年仅英国就有近 700 万处于工作年龄的成年人生活在极端经济压力下。也就是说，一方面银行得到了"救助"，而大量的老百姓却失去了房子、工作和养老金，面临着"崩溃"。但是关于这场危机形形色色的讨论，却始终绕开了"剩余价值的生产"这个资本主义的核心问题，寄希望于科技发展和绿色新政等意识形态幻象之上。而西方"左派的历史问题是它同样支持作为资本主义意识形态典型特征的对过剩的拜物教式价值化"，对生产劳动的崇拜使他们依然囿于资本主义的框架，无法想象出一种不是建立在出卖劳动力的必要性基础之上的社会模式。

因此在这种情况下，不仅要运用马克思的价值形式概念，还要重视马克思对抽象劳动的批判，揭开资本是如何将无意识的劳动变成一种价值形式进而产生剩余价值，从而促成了工作社会的形成，使其成为我们的生活方式的秘密。正是在这个基点上，马克思的政治经济批判与拉康的力比多经济批判可以结合起来。本书着重探讨和发展了拉康在 20 世纪 60 年代后期到 70 年代初的教学当中所提出的，他著名的四种话语之外的第五种，即资本主义话语。在其中，剩余价值所在的正是欲望的对象、原因，也即对象 a 的位置，资本主义的驱力围绕着它跳起了疯狂的舞蹈。但这一切都是资本主义话语的吊诡。价值不是无根之木，而是源于具体的劳动过程。科技的发展，尤其是第三次工业革命所带来的技术自动化过程，越来越将经济推向了金融业，推向没有实质的虚拟资本，从而引发了当前的价值化危机。能找到的工作与需要完成的工作之间的豁口越来越大，可被剥削的劳动力越来越少，资本主义创造剩余价值的能力因而也越来越衰弱，这是当前危机的根源所在，也决定了它与之前危机的不同，它既不是结构性的，也不是制度性的，而是资本主义生成矩阵的全面危机。对这种社会再生产模式进行局部批判的做法也已经无路可走。当人类被要求仅仅为资本主义价值增殖的永动机提供燃料时，他就成了阿甘本的"神圣人"，阿甘本寄希望于弥赛亚主义，而问题在于救赎根本不存在。今天我们已经站在末世的临界点上，前面等待着我们的也只有末日场景，只有清楚地认识并接受这一点，才有可能出现真正的行动，或者用今天批判理论的一个时髦概念来说"事件"。

在将马克思与拉康理论相结合方面，齐泽克无疑成绩卓著。本书也深受齐泽克的影响，与齐泽克的方法论保持着一致性。早在写作本书之前，菲尔德纳与维吉已经多方面展开了对齐泽克的研究，他们共同主持卡迪夫大学"意识形态批判与齐泽克研究中心"，合著并于 2007 年出版了《齐泽克：超越福柯》(*Žižek：Beyond Foucault*) 一书，将齐泽克作为批判理论在 21 世纪的杰出代表，认为福柯通过揭露了现实作为偶然的象征性虚构而解构了现实，而齐泽克更进一步强调要从象征性虚构中辨认出真实界并有所改变。2010 年，法比奥·维吉出版了《齐泽克的辩证法》(*On Žižek's Dialectics：Surplus，Subtraction，Sublimation*) 一书，主张要充分发掘齐泽克精神分析方法的理论和实践潜力，并将其批判方法政治化，以规避凝固成纯粹学术实践的风险。2014 年他们又与齐泽克共同主编了《危机状态与后资本主义场景》(*States of Crisis and Post-Capitalist Scenarios*)，一同撰写了序言。他们深谙齐泽克的理论主张，对其批判方法与睿智风格也推崇备至，但他们也对齐泽克加以反思。譬如他们认为齐泽克对共产主义的迷信是不可取的，共产主义与资本主义是一币之两面，都与资本紧密纠缠。因此我们需要一套新的概念体系来想象和把握未来。他们有这样独特的见解，得益于他们对当代经济危机和资本主义病理的深入剖析。

在 2016 年 9 月浙江大学举办的第五届国际马克思主义美学论坛上，菲尔德纳与维吉做了《资本主义的有限性及对此的倒错性否认》("The finitude of capitalism and the perverse charm of utopian denial") 的大会发言，发言秉持了与本书相同的立场和观点，但更注重结合倒错的精神分析来解剖资本主义的痼疾，指出资本主义全球化时代也是全面倒错的时期，同时抨击了科技乌托邦的虚幻性，认为第四次科技革命即人工智能革命只会进一步加深资本主义的系统性危机。

译者与本书的缘分也开始于此。我们在会前翻译了菲尔德纳和维吉的论文，中文版后来发表在《马克思主义美学研究》第 20 卷第 2 期上。论坛结束之后菲尔德纳和维吉为浙江大学学生开办了一场讲座，我在会场充当翻译。因此后来当国际马克思主义美学论坛的创建者王杰教授决定引进《批判理论与当代资本主义危机》一书时，他把这项翻译任务交给了我。

2017 年 7 月我参加了在卡迪夫大学举办的第六届国际马克思主义美学论坛，与两位作者有了进一步交流，并商定了译著的相关事项。在会后的一次聊天中，我们谈到了资本主义的末日场景，两位作者坚持将生态危机与资本主义的无限扩张本质联系起来解读，给我留下了深刻的印象。他们认为在资本主义的框架中，生态危机只会愈演愈烈，并且与资本主义生产方式的全球化一样影响到全球各地，想不到一语成谶。今天，新冠病毒正在全球肆虐。法比奥·维吉在他最近写作的《作为症状的 Covid-19》（"Covid-19 as symptom：Notes on the production of a virus"）一文中指出，资本主义的农业工业化发展模式，大规模地剥夺了动物的栖息地，破坏了整个生态系统，动物的密集型畜养又使得传染性病毒株很便利地从动物传播给了人类，并沿着全球化形成的路线迅速蔓延。维吉将资本主义极具破坏性、侵略性的发展动力称为"生产性毒力"（productive virulence）。新冠病毒所引发的危机，应当与生态危机、金融危机等，一同被视作资本主义全面崩溃的症状。资本主义已经遭遇其扩张的极限，我们必须抓住这一契机，对其原因以及未来会怎样加以反思。"我们正面临黄昏，密涅瓦的猫头鹰必须准备起飞。"

感谢本书的作者菲尔德纳与维吉，他们一直耐心地解答我的各种疑问，并提供了许多参考资料。我的博士生导师、浙江大学的王杰教授给了我这个机会，并给予许多帮助与鞭策。没有他的悉心教导和严格训练，就没有我今天取得的任何一点进步。感谢我的硕士生导师、南京大学的汪正龙教授对本书翻译情况的关心以及一直以来的谆谆教诲和不懈指引。浙江传媒学院的肖琼教授认真仔细地校对了全书，并写作了序言，对她勤劳无私的工作表示敬佩与感激。在翻译过程中，华南师范大学的段吉方教授、温州理工学院的强东红教授、上海交通大学的尹庆红博士、浙江大学的赵敏博士以及韩山师范学院外语学院的叶渝老师，都提出过宝贵的意见，为我解答了一些疑难问题，一并感谢！感谢编辑了《资本主义的有限性及对此的倒错性否认》一文的王真，我将永远感谢他。

东方出版中心的相关编辑为本书的出版付出了辛勤的劳动，在此致以诚挚的谢意！相关编辑认真负责的态度让我非常敬佩，他们在审读完稿件之后总会提出许多很具体、有建设性的问题，在努力回答他们的时候，我自己的思路也越发清晰，因而受益匪浅。这两年我因身体和家人的原因，本书的翻译一再拖延，相关编辑一直非常宽容耐心，不胜感激，也很愧疚！

在译这本书的期间，我失去了我如山一般的父亲，也借此机会表达我的爱与思念。感谢家人对我工作的支持和为我所做出的牺牲！

最后，感谢我的合作者、我多年的好友黄漫，与她的合作为我过去十年孤独、黯淡的学术生活带来一抹亮色。翻译对我们而言，主要是个学习的过程。为了更准确地理解、把握书中的观点，我们查阅了许多资料，不断交叉、反复修改，也会为了一个术语或者一个表达方式争论几天，这个过程很辛苦，也很充实。翻译没有止境，书马上要出版了，内心依然忐忑不安。囿于学识，翻译文稿中一定存在不当与错漏之处，敬请有关专家与广大读者批评指正！

许娇娜

2020 年 5 月于潮州